ⓒ씨네21・오계옥

©구본창

서울대학교 관악초청강연

박완서

문학의 뿌리를 말하다

박완서

문학의 뿌리를 말하다

서울대학교출판문화원

● 대화의 장을 열며

대학을 졸업하고 수십 년이 지난 지금 돌이켜보니 세상이 조금씩 좋아지고 있다는 걸 느끼긴 하겠는데 우리가 원하는 만큼 그렇게 빨리 좋아지는 것 같지는 않습니다. 처음엔 눈앞에 보이는 저 봉우리만 올라가면 될 줄 알았는데 가보니 그 너머에 더 큰 봉우리가 있더군요. 삶의 길도 그렇고 역사도 그렇다고 생각합니다. 작은 산봉우리에 올라서기만 해도 세상이 발아래로 보이고 더 높은 봉우리로 가는 길이 너무나 뚜렷이 보이는데 막상 가보면 낭떠러지가 길을 막고 숲이 길을 잃게 합니다.

"공부는 잘하는데……."라는 오해 아닌 오해를 받고 있는 우리 학생들이 학교라는 작은 봉우리에서 좀 더 넓은 세상으로 가는 길을 만나게 하려, 학교의 지식이 아닌 삶의 지혜를 얻을 수 있도록 마련한 〈관악초청강연〉이 어언 50회를 바라보게 되었습니다. 여기서 우리는 많은 분들과 만나고 많은 걸 배웠습니다. 많은 교수님이 관악초청강연을 꾸려나가기 위한 위원회에 참석하시어 좋은 의견과 더불어 우리 학생들이 꼭 만나야 할 좋은 분들을 추천해주셨기에 가능한 일이었습니다. 여기 오신 모든 분들은 삶의 길을 스스로 열어나갔을 뿐 아니라 우리가 함께 가야할 길을 보여주신 분들이었습니다. 이분들이 새로운 길을 열고자 하면서 겪은 성공과 좌절, 열정과 노력은 교실에서는 접하기 어려운 생생한 체험으로 다가왔고 참여한 학생뿐 아니라 교수들에게도 깊은 감동을 주었습니다. 한차례의 강연으로 흘려버리기엔 이 감동이 너무 아까워 책으로 내기로 했고 이미 여러 권이 출간되었습니다.

출판을 시작할 때 이미 많이 알려진 이야기이고 이미 책으로 출간된 경우도 있는데 굳이 서울대에서 또 출판할 필요가 있겠느냐는 지적도 있었습니다. 사실 강연 그 자체만 놓고 보면 그렇습니다. 그렇지만 강연회엔 강연만 있는 게 아니었습니다. 대화가 있었습니다. 사회자의 소개에서부터 강연, 그 뒤로 패널에 참여하신 교수님들의 질의와 보충 설명, 강연회에 참여한 학생들의 진지한 반응이 거의 두 시간에 걸쳐 이어졌습니다. 이 생생한 대화의 장을 그냥 흘려버리기에는 너무 아까웠습니다. 사실 강연을 해주신 분인들 어디서 이렇게 좋은 패널과 진지한 청중을 만나 진솔하게 대화를 나눌 기회가 있었겠습니까. 이 책을 출간하면서 이 시대를 살아가는 젊은이들에게 정말 보여주고 싶은 건 바로 이 대화의 모습이었습니다. 이 대화의 장을 통해 길이 너무 많아 길을 찾기 어려운 이 시대의 젊은이들이 자신과 이웃의 삶에 대해 세상과 역사에 대해 다시 한 번 생각할 기회를 갖게 되기를 바랄 뿐입니다.

끝으로 이 책이 나오도록 애써주신 여러분께 감사의 말씀을 드려야겠습니다. 먼저 관악초청강연 위원회의 위원장을 맡아 좋은 강연회를 기획해 주신 곽수근 선생님을 비롯한 위원 선생님 여러분, 패널에 참여하여 진지하게 토론해주신 참여 교수님들께 감사드립니다. 그리고 아무리 좋은 강연이라도 강연과 토론을 책으로 만드는 일은 대단히 귀찮고 어려운 일입니다. 더구나 생생한 대화의 현장감을 살리기란 아주 어렵습니다. 이 모든 일을 도맡아 꼼꼼하게 살펴주신 백미숙 선생님과 출판을 맡아주신 서울대학교출판문화원 여러분께도 감사드립니다.

허남진
서울대학교 기초교육원장

차례

제1부 : 강연   9

제2부 : 패널 질문과 토론   53

제3부 : 보면서 읽다   101

©씨네21·오계옥

제1부 : 강연

●여정성 (사회자) : 여기 계신 모든 분들이 아시겠지만, 먼저 아주 짧게 박완서 선생님에 대해서 소개를 드리겠습니다. 선생님께서는 1931년에 황해도에서 태어나셨고, 숙명여자중학교와 고등학교를 졸업하신 후, 1950년에 서울대학교 국어국문학과에 입학하셨어요. 예전에 다른 기회에 선생님을 뵙고 말씀을 들으니 그때는 입학식이 5월이었기에 입학하자마자 바로 6.25전쟁이 나면서 중퇴를 하시게 되었답니다. 잠깐 직장생활을 하신 후에 전업주부로서 훌륭하게 자녀분들을 키우셨고, 마흔이 되시던 1970년에 여러분께서 잘 아시는『나목』으로『여성동아』장편소설 공모전에 당선이 돼서 등단하셨습니다. 우리 기억을 더듬어 보면, 1970년대에 선생님께서 저희에게 처음으로 소개해주셨던 작품들은 주로 전쟁 체험을 바탕으로 한 분단의 비극에 대한 것이었습니다. 이후 1980년대 나왔던 작품들은 소시민적 삶이나 여성의 억압 문제에 대한 관심을 보여주었으며, 1990년대 이후의 작품들은 삶을 관조하는 면모를 저희에게 보여주고 있습니다.

　　선생님께서는 2006년에 서울대학교에서 명예박사 학

위를 받으셨습니다. 그동안 서울대학교에서 명예박사 학위를 받은 분들 중에 여성이 한 명도 없었지요. 그래서 이번 강연에 어떤 분을 모실까 논의를 하다 만장일치로 박완서 선생님을 모셨습니다.

선생님 작품을 읽을 때면, 항상 선생님께서 직접 겪으신 경험을 바탕으로 하는데도, 동시에 내 속에도 숨어 있는 정말 내놓기 싫은 감정을 치열하게 그리고 치밀하게 짚어주시는 것을 보고, 어떻게 이리도 생생하게 현실을 그려낼 수 있을까 하는 감동을 받곤 했습니다. 오늘은 직접 선생님을 모시고 세 시간 동안 좋은 말씀 듣도록 하겠습니다. 박완서 선생님을 박수로 환영해드리지요.

(청중 박수)

● 박완서 (연사) : 소설 쓰는 박완서입니다. (청중 박수) 제가 목소리도 크지 못하고요. 조금 소심한 편이라 언성을 잘 높이지 못해요. 그렇지만 뒤에까지 다 들렸으면 좋겠는데 잘 들리세요?

나이 자랑은 하는 게 아닌데, 제가 나이가 많다 보니까 지난 세월을 생각할 적이 많아요. 저녁에 일찍 자고 아침에 일찍 깨는 전형적인 노인의 생활 패턴이 몸에 배어 있지요. 아침에 일찍 일어나 그전 같으면 거의 두세 시간을 앞으로 뭘 할 것인가 하는 계획과 희망에 부풀었고, 해야 할 일 때문에 스트레스도 받고 그랬는데, 이제는 유년기부터를 자꾸 곱씹게 됩니다. 어제 뭐 했는지는 생각이 안 나는데 어려서 뭐 했는지는 세부적인 것까지 세밀하게 생각나고, 조그만 순간들, 놓쳤던 것들도 생각나곤 합니다.

그런 것이 다 지금의 나를 만들었다고 생각해요. 성공한 나도 아니고 실패한 나도 아닌, 지금의 나를 만든 것이 다 그때서부터 이렇게 조금씩 실개천처럼 흘러들어서 지금의 나로 흐르게 했구나. 비록 조그만 나이지만 그것도 그냥 생성된 것이 아니라 여러 가지 받은 것들이 있는 것이고, 그래서 저는 지금의 나를 만들어준 많은 것들을 생각해봅니다.

저는 1931년, 그러니까 일제강점기에 산골 벽촌에서 태어났습니다. 아까 황해도 개풍군에서 태어났다고 소개하셨는데 제가 태어났을 때는 경기도였습니다. 경기도 개풍군은

서울에서 멀지 않은 곳이죠. 멀지 않은 곳이지만 서울이 워낙 좁을 때였고, 그곳은 개성 교외인데 외딴 시골이었어요. 개성역에서 내려서 20리를 타박타박 걸어가야 되는 산골에서 태어났습니다.

그렇지만 지금은 그 산골이 나에겐 항상 이상향으로 남아 있어요. 집안 환경도 그렇고, 한 20여 호의 농가가 있고 그랬어요. 아마 개성 사람들의 생활에 대해 아실 거예요. 깔끔하고 부지런하고, 그리고 비록 농촌이지만 엄마들이 쓰는 뒤주라든가 그릇이라든가 이런 것들이 반들반들한 곳이죠. 마당도 넓고, 후원에는 딸들을 위한 꽃밭이 있는 집에서 태어났습니다.

저는 세 살 때 아버지를 여의여서 아버지에 대한 기억이 거의 없습니다. 그런데 아버지가 그 집의 장손이고 맏아들이었기 때문에, 아버지가 계셨다면 아마 저는 그 시골에 계속 있었을 거예요. 아버지 대신 아버지 동생이 그 집을 이었으니까요.

아버지가 돌아가신 까닭은 아마 나중에 추측건대 맹장염이었던 것 같아요. 아버지는 아주 건강하고 건장하신 분이었다고 합니다. 그런데 별안간 복통을 호소하고, 너무 배가 아파서 마루에서 데굴데굴 구르셨다고 그래요. 그런데도 병원에 데려가지 않고, 그전에는 사관을 튼다고 해서 손끝을 트고, 무당집에도 가고, 굿도 한번 하고, 한약도 지어 먹고, 그러는

● 작가의 아름다운 고향 박적골

작가는 1931년 개성에서 20리쯤 떨어진 개풍군 청교면 박적골이란 곳에서 태어났다. 할아버지의 유년기에 홍씨 문중 사람들만 모여 사는 이곳으로 이주했으니 개성 토박이 집안은 아니었다. 하지만 작가는 유년기의 낙원과도 같은 곳으로 회상하는 박적골에 대한 절절한 그리움과 개성 사람에 대한 자랑스러운 긍지는 이곳이 작가의 의식 속에서 당당한 고향의 이미지로 자리 잡고 있음을 보여준다. (박혜경, 『박완서의 「엄마의 말뚝」을 읽는다』, 열림원, 2003, 53~57쪽.)

"박적골엔 이렇게 두 양반집과 열여섯인가 열일곱 호의 양반 아닌 집이 있었지만 지주와 소작인으로 나누어져 있진 않았다. 바위라고는 하나도 없이 능선이 부드럽고 밋밋한 동산이 두 팔을 벌려 얼싸안은 듯한 동네는 앞이 탁 트이고 벌이 넓었다. 넓은 벌 한가운데를 개울이 흐르고, 정지용의 시 말마따나 '옛 이야기 지즐대는 실개천'은 아무 데나 있었다. 우리집에서 뒷간에 가려도 실개천을 건너야 했다. 실개천은 흐르다가 논을 만나면 곧잘 웅덩이를 만들곤 했는데 우리는 그걸 군 우물이라고 해서 먹는 우물과 구별했다. 지금 생각하니 소규모의 저수지가 아니었던가 싶다. 거의 흉년이 들지 않는 넓은 농지는 다 우리 마을 사람들 소유였다. 땅을 독차지한 집도 땅을 못 가진 집도 없었다. 다들 일 년 먹을 양식 걱정은 안 해도 될 자작농들이었고 부지런했다." (『그 많던 싱아는 누가 다 먹었을까』, 웅진출판, 1992, 15쪽.)

사이에 아버지의 배가 부풀어 오르고 고열이 나서 그때 비로소 개성 시내로 가서 수술을 하기는 했답니다. 그때도 제때에 병원에만 갔어도 맹장염 같은 걸로 죽지는 않았다고 해요. 그렇지만 지금처럼 항생제가 있을 때는 아니어서 이미 복막에 고름이 찬 후라 수술 예후가 좋지 않아 위독 상태로 집으로 실려 와 곧 운명하셨다고 합니다.

그런데 엄마는 산골짝에 시집와 대가족의 맏며느리로 순종적으로 시집살이를 하면서도 의식은 굉장히 도시 지향적이었어요. 엄마는 비록 서울 사람은 아니지만, 서울 근교, 지금의 고양군 벽제면이 고향이었거든요.

그리고 엄마의 사촌들, 엄마의 외사촌들은 다 서울에서 중산층 이상의 생활을 하고 있었어요. 엄마가 집에서 언문이나 깨치고 이야기책을 베껴 쓰는 걸로 글씨 공부나 하고 있을 때 사촌들은 서울에서 진명이니 숙명, 그런 여고에 다니고 있었나 봐요. 저는 어렸을 때부터 엄마한테 숙명학교, 진명학교에 대한 이야기를 자주 들었고, 그 학교 교복에 대해서까지도, 숙명 애들은 위에 자주색 저고리에 검정 치마를 입는데 그 치마 밑단에는 하얀 줄이 들어가 있다는 식으로 자세한 설명을 하던 엄마의 꿈꾸는 듯한 표정을 기억합니다.

외할머니는 엄마를 시집보내기 전에 한두 달을 말미를 줘서 서울 외갓집에 가보게 했다고 해요. 그곳에서 엄마는 신식 교육을 받은 자기 사촌들에 대해서 굉장한 동경심을 갖게 됐던 것 같아요. "아 나도 저렇게 신식 교육을 받을 수도 있었는데 촌구석으로 시집이나 가는구나." 하는 생각이 엄마의 머릿속에 박혀 한이 되었을 겁니다.

그러다가 남편을 잃고 과부가 되니까 엄마가 비로소 자유로워진 거죠. 내가 지금 생각하기에 그렇다는 소리지, 그 시대 여자로서의 엄마는 하늘이 무너지는 고통이요 슬픔이었겠지만요. 동시에 답답한 시골과 보수적인 양반집 맏며느리 노릇을 면하고 서울에 가서 애들을 교육시킬 수 있는 엄두를 낼 결정적인 계기가 된 거죠.

처음에 엄마는 오빠만 데리고 서울로 갔습니다. 오빠는 상업학교에 보냈어요. 공립 상업학교를 나오면 취직하기도 쉬웠으니까. 장남에 대해 보통 엄마라면 누구나 걸 수 있는 기대였죠. 그런 엄마가 저에 대해서는 왜 그런 꿈을 가졌는지 모르겠지만, 저는 그때까지 사촌들도 태어나기 전이고 해서 할머니 할아버지 슬하에서 귀염 받고 응석이나 부리면서 클 수 있었는데, 저까지 공부를 시키겠다고 서울로 데리고 왔어요. 아들 공부시키기도 벅찬 엄마가요.

그 마을에서 여자들은 소학교도 안 보냈어요. 우리 오빠 같은 남자들의 경우도 엄마가 교육열이 있으니까 개성으로 학교를 보냈는데, 그것도 20리를 걸어가야 되니 보통 일이 아니었거든요. 그러니까 남자도 면사무소가 있는 읍내에 위치한 4년제 간이학교에나 보내면 그나마 깬 집이고, 여자를

학교에 보내는 일은 없었어요.

그런데 서울 간 엄마가 딸인 저를 서울에 있는 학교에 보내려고 데리러 온 거죠. 엄마는 마치 시부모에게 시위라도 하듯이 저의 꽁지머리를 가위로 싹둑 자르고, 단발머리로 만들었어요. 저는 너무 뒤가 허전해서……. (청중 웃음) 옛날 단발머리는 뒤통수까지 치켜서 깎는 단발머리예요. 그때까지 저는 그런 머리를 한 번도 본 적이 없었어요. 엄마는 서울에서 본 대로 뒤를 이렇게 높이 깎았는데, 저는 뒤가 너무 시리고 창피한 것을 어떻게 할 수가 없었어요.

엄마가 나를 데려가겠다고 하니까, 할아버지는 집안에 아이라곤 저밖에 없으니까 굉장히 귀여워하시고, 손녀인데도 저하고 겸상을 할 정도로 총애를 하셨는데, 저의 단발머리를 보고 하시는 첫째 말씀이, "어떻게 뒤에도 얼굴이 하나 더 달렸느냐?" (청중 웃음) 하얗게 밀어올린 뒷머리를 보면서 그러셨어요. 그러면서도 홀로 된 며느리의 서울로의 일종의 출분을 막지 못했어요.

그걸 막지 못하고, 저에게 주머니를 끌러서 옛날 일제강점기의 은전, 50전짜리 은전 한 닢을 손에 쥐어주시지도 않고 던져서 주셨는데 돈이 떼굴떼굴 구르던 것이 지금도 눈에 선합니다. 오죽 섭섭하고 마땅찮으셨으면 그러셨을까 싶어요.

나중에 생각해도 엄마가 저에 대해서 꿈을 가졌다는 사실 이게 참 고맙고 신기하게 느껴져요. 어려서도 뭘 잘못한

●종종머리와 단발에 대한 기억

종종머리는 댕기를 땋기 전 계집아이들이 하던 머리이다. 종종머리는 종종머리, 댕기머리, 쪽찐 머리로 이어지는 오래된 세계 속에서의 여성의 정체성을 드러내는 일종의 사회적 통과 제의를 상징한다. (……) 종종머리에 대한 기억은 가족들의 사랑과 보호 속에서 자라던 아이로서의 존재의 충만함과 결부된다. (……) 반면 종종머리를 땋아주던 엄마의 손에 의해 만들어진 단발머리는 박완서가 고향과 할아버지와 마을 사람들 속의 아이가 아니라 '엄마의 딸'이 되는 과정을 상징적으로 보여준다. (……) 단발머리의 기억에 내포된 '엄마의 세계'에 대한 선망과 공포는 '서울'로 상징되는 근대에 대한 선망과 공포를 내포한다. (권명아, 〈엄마의 이야기는 그녀에게 어떤 의미였을까 – 기억과 해석을 통한 역사적 경험의 재구성〉, 『박완서 문학 길찾기』, 세계사, 2000, 52~54쪽.)

"엄마는 아무에게도 상의 안 하고, 심지어 나한테도 안 물어보고 내 머리를 빗겨주는 척하면서 싹둑 잘라버렸다. 나는 그때까지 우리 동네 계집애들이 다 그랬듯이 종종머리를 땋고 있었다. 종종머리란 계집애들이 댕기를 들여 길게 머리 꼬랑이를 땋을 수 있게 되기 전까지 빗는 머리로, 정수리로부터 머리칼을 바둑판처럼 나누어 가닥가닥 땋다가 색실이나 헝겊오라기를 들여 끝마무리를 하는 머리였다. (……) 그런 머리를 엄마는 싹둑 잘라냈을 뿐 아니라 뒤를 높이 치깎고 뒤통수를 허옇게 밀어버렸다. 서울 애들은 다들 그런 머리를 하고 있다고 엄마는 내가 앙탈할 새도 없이 윽박지르기부터 했다." (『그 많던 싱아는 누가 다 먹었을까』, 웅진출판, 1992, 42쪽.)

것도 없이 야단을 맞으면 저는 그걸 수긍하지 않고 사실은 이러저러해서 그렇게 된 까닭을 말했는데, 그럴 때면 우리 할머니나 숙모님들이 "아유 계집애가 저렇게 꼬박꼬박 말대답해 버릇하면 이다음에 시집가서 어떻게 사냐?" 이러셨거든요. 그럴 때 우리 어머니는 우스갯소리처럼 "말 잘해서 시집 못 가면 변호사 시키지." 그러셨어요. 그 촌에서 어떻게 그런 생각을 했는지 모르겠어요. 촌사람들은 변호사라는 직업이 있다는 것도 모를 때였는데.

엄마가 딸한테도 시집가서 잘 사는 것 말고 따로 꿈을 가졌었다는 게 나중에도 생각할수록 신기한데, 그건 아마도 엄마가 옛날이지만 책을 참 많이 읽으신 분이셨기 때문이라고 생각해요. 엄마는 시집올 때 필사한 책을 한 궤짝을 가져왔대요.

할아버지는 그것이 혼수는 아니었지만 아주 대견해하셨다고 해요. 그때는 보통 양반집에선 딸에겐 언문만 가르쳤나 봐요. 한글을 언문이라고 그러는데, 그걸 글씨 공부 겸, 책도 한 권 갖게 하는 방식으로 남의 책을 한지를 묶어서 베끼도록 했나 봐요. 『춘향전』이나 『심청전』을 베끼게 하면 책이 하나 자기 것이 되는 거죠. 어머니가 그런 이야기책을 많이 갖고 있었는데, 우리 할아버지는 며느리가 다른 혼수는 어떻게 해 왔는지 상관 안 했지만, 그 책들은 자랑스러워하셨다고 해요. 동네 사람들이나 친구분들한테 "새애기는 자기가 베낀

책을 한 궤짝을 가져왔는데 그 필체가 구슬 같더라."고 자랑하셨다나 봐요. 엄마가 글씨를 유려하게 썼나 봐요.

제 어려서 기억으로는요, 동네 부녀자들이 김장철이 끝나고 밤이 길어지면 우리 집으로 밤마실을 올 적이 있는데 그럴 때 엄마가 그 여자들을 위해 책을 읽어주는 소리가 아주 듣기 좋았어요. 또 다른 마을에서 시집온 새댁들이 엄마한테 편지를 써달라고도 와요. 보통 때는 편지 써달라고 올 새도 없는데, 김장 끝나고 밤이 길어졌을 때는 농사철도 아니어서 여자들의 신역이 덜 고될 때니까요.

시집온 색시들이 한 서넛이서 친정에 편지를 써달라고 같이 오는데 그 새댁들도 언문 정도는 다 알았어요. 하지만 당시만 해도 편지는 말하는 대로 쓰는 게 아니라, 부모님전상서, 기체후일향만강하옵시고 어쩌고 하는 식의 정해진 격식이 있어 아무렇게나 쓰기를 꺼린 것 같아요. 그래서 책 많이 읽은 엄마한테 써달라고 오는 거예요.

겨우 20여 호 되는 동네니까 누구네 집이 어떻게 살고, 저 새애기는 구박을 받고, 저 새애기는 좋은 대접을 받고 하는 사정을 다 알죠. 그렇지만 하고 싶은 얘기들이 다 다르잖아요. 누구는 안부도 물어보고 싶고 누구는 어떻고, 그러면 사연을 들어보고 나서 우리 엄마가 써요. 엄마가 쓰고 나서 이렇게 썼다 하고 읽어줄 거 아니에요?

저는 우리 엄마가 요새 세상에 태어나셨으면 글을 쓰

셨을 거라고 생각합니다. 엄마의 창작욕 같은 것은 아마 베끼는 데서도 오고, 또 써주는 데서도 온 것 같아요. 엄마가 편지를 다 쓰고 나서 쫙 펼쳐서 읽는 걸 나는 이렇게 아랫목에 드러누워서 등잔불 밑에서 바라다보고 있었는데, 엄마가 읽으면 그 색시들은, 분명히 자기가 말한 걸 우리 엄마가 썼을 텐데도 다 울어요. (청중 웃음) 옷고름으로 눈물을 훔치고요.

그러면 엄마가 읽는 소리도 듣기 좋지만, 그것을 들으면서 그 사람들이 눈물짓는 걸 보는 느낌이 참 이상했어요. 분명히 자기가 한 얘기를 엄마가 받아썼을 텐데 왜 울까. 물론 그때는 못 느꼈지만 지금 생각하면 제가 그때 말과 글의 차이를 느꼈던 게 아닐까 그렇게 생각합니다.

그리고 저는 그런 것뿐만이 아니라 동화책이라고는 구경도 못 하던 환경에서 자랐지만, 참 많은 이야기를 엄마로부터 들었어요. 『삼국지』까지 엄마한테서 들었으니까요. 그런 건 다 엄마가 서울 와서 바느질 품 팔 때 들었어요.

제가 우리 엄마를 보면서 가슴이 짠했던 것은, 『삼국지』 같은 얘기를 해주면서 가끔은 아주 연기도 해요. (청중 웃음) 바느질을 하다가 "옛다 조조야, 칼 받아라." (청중 웃음) 이럴 때 엄마의 손에서 반짝이는 바늘, 이런 걸 보면서 나는 "아, 엄마는 정말 바늘 대신 칼을 들어도 괜찮을 여장부다." 하고 생각했어요.

그리고 우리 엄마가 반복해서 해준 얘기 중에, 제가 아주 재미있어하면서 싫증을 안 낸 얘기 중에는 『박씨부인전』이라는 게 있어요. 그걸 엄마가 여러 번 해줬고 저도 그 얘기를 참 좋아했는데, 거기 보면 박씨부인이 여러 번 변신을 하죠.

또 나중에는, 그게 병자호란 때 이야기로 변합니다. 박씨부인의 정원에는 보통 집에서 볼 수 없는 기화요초琪花瑤草가 자라고 있다고 장안에 소문이 자자했는데, 우리나라 임금의 항복까지 받아낸 청나라 장군도 그 소문을 듣고 말 타고서 박씨부인의 정원을 구경 왔다가, 신기한 화초들이 끈끈이로 변해서 말들을 꼼짝 못하게 하는 바람에 장군들이 말에서 내렸지만 장군들 역시 화초에 붙어서 움직일 수 없게 되자, 박씨부인에게 엎드려 비니까 비로소 발이 떨어졌다는 얘기예요. 엄마가 그 얘기를 해줄 때마다 그렇게 신나했던 것은 우리나라 임금님이 받은 치욕을 일개 아녀자가 갚아주었다는 데 있었다고 생각해요.

그 얘길 엄마가 그렇게 좋아했던 것만 봐도 엄마의 숨은 욕망을 엿볼 수 있고, 엄마가 왜 딸에 대해서 그 시대를 뛰어넘는 꿈을 가졌는지 이해가 됩니다. 또한 그건 엄마가 문학애호가였기 때문에 가능했던 것이었다고 생각해요. 문학이라는 것이 엄마한테 준 힘인 거죠. 문학이 엄마에게 꿈꾸는 힘을 줬다고 생각합니다.

물론 제가 할아버지 슬하를 떠나서 서울 왔을 때, 엄마의 과도한 교육열이 저한테 준 스트레스도 많아요. (청중

웃음)

　　공부 때문에 시골에서 서울로 간 며느리, 손자 손녀를 위해 식량 같은 것은 다 대줬고 김장 때 배추까지 다 왔습니다. 그렇지만 시골엔 돈이 귀하니까 서울에서 시골로부터 돈을 받을 수는 없었어요.

　　그래서 서울 왔을 때 엄마가 살고 있던 곳은, 시골에서 정말 반듯한 데서 살던 저로서는 견디기 어려운 곳이었어요. 지금은 그 동네 이름도 없어졌지요. 옛날 교도소를 그전에는 감옥소라고 그랬는데, 인왕산 밑에 감옥소 근처 현저동이라는 산동네였습니다. 거기가 아마 무악재 고개 너머 제일 먼저 동네라 그런지 도시 빈민들이 모여서 살던 수돗물도 안 나오는 아주 산꼭대기 동네였고, 거기서도 남의 집 문간방에 세 들어서 바느질품을 팔면서 살고 계셨습니다.

　　그런데 서울에서 학교를 다니는 것만도 저로서는 정말 대단한 건데, 엄마는 저를 그 동네 학교에 보내지 않고, 인왕산을 넘어서 사직동에 있는 매동초등학교를 보냈어요. 그때도 주소를 가짜로 하지 않으면 (청중 웃음) 그 동네 애들은 그 동네 학교를 가게 되어 있었어요.

　　살던 동네엔 안산초등학교가 있었죠. 그런데 엄마가 그 동네 학교에 안 보내고 싶어 했던 것은 이해가 되는 부분이 있어요. 도시 빈민들이 사는 동네의 특징은, 어려우니까 그런지 유난히 쌈박질들이 잦다는 것이었어요. 그리고 '쟁이'자

●박완서 선생의 어머니와 '억척 어멈'의 삶의 기록

어머니가 작가의 삶 속에서 차지하는 의미에 대한 이해는 박완서의 문학 세계에 대한 이해에 있어 필수적인 요소라고 할 수 있다. 그만큼 작가의 삶과 소설 속에서 어머니가 차지하는 의미는 절대적이라고 봐야 한다. 작가의 어머니는 무엇보다 여성들이 교육을 받을 수 있는 기회가 극히 제한되어 있었던 시대에 여덟 살의 어린 작가를 서울로 데려옴으로써 작가가 근대적 교육을 받을 수 있는 계기를 마련해주었고, 또 어머니의 삶 자체가 극심한 역사적 격변의 시기와 맞물린 삶의 극적인 계기들을 압축해놓고 있어 박완서 문학의 고갈되지 않는 소설적 소재가 되어주기도 했다. 뿐만 아니라 어머니는 자신의 뛰어난 이야기꾼적인 재능으로 어린 시절의 박완서에게 깊은 영향을 미쳤다. (박혜경, 『박완서의 「엄마의 말뚝」을 읽는다』, 열림원, 2003, 57~61쪽.)

『엄마의 말뚝』 연작은 우리 시대 '억척 어멈'의 삶의 기록, 그것도 나라가 식민지로 전락한 시기부터 해방과 한국전쟁, 그리고 그 이후 지금까지 지속되는 분단의 현실을 살아온 한 여성의 삶의 기록이다. 그래서 이 연작에 대한 여러 비평들은 한국 근대사와 여성, 혹은 더 나아가 역사와 여성의 상관성에 대한 규명으로 이어지고 있다. (……) 이 작품의 주인공이 보여주듯 우리 시대 어머니들의 몸과 마음은 그야말로 한국 근대사의 진행과정이 고스란히 각인되어 살아 있는 육체이자 표본이어서 페미니즘의 다양한 문제의식들을 살펴보기 좋은 텍스트이다. (김경수, 〈여성 삶의 복원에 대하여〉, 『박완서 문학 길찾기』, 세계사, 2000, 268~271쪽.)

붙은 사람들은 다 살았어요. 미장이, 굴뚝쟁이, 채쟁이, 기와쟁이 이런 사람들이 저녁에 술 먹고 와가지고 애들을 학교에 안 보내는 경우도 많고, 학교에 보내는 집도 대개 싸움 구경이 제일 재미있을 정도로 남자들이 여자 패고, 그러니 동네 나가서 싸움 구경하고, 뭐 돈 빌리러 이집 저집 다니고 그러거든요. 이왕 서울에 데려왔는데, 그런 집 자식들하고 같이 공부시키기가 싫은 거예요. 그래서 반듯한 동네, 인왕산만 넘으면 지금의 사직동, 효자동 이런 데가 학군인 사직동의 어떤 집으로 제 주소를 옮겼어요. 그리고 그때는 소학교도 시험 보고 들어갈 때입니다. 주소를 옮기면 시험 볼 자격이 주어졌어요.

서울 와서 가장 힘들었던 게, 골목이 꼬불꼬불 복잡하고 층층다리가 많은 산동네라는 거였어요. 이사 갈 때도 지게를 지고 들어가야지 리어카도 안 들어가는 동네였거든요. 어디가 어딘지 모르겠고, 나갔다 집을 못 찾으면 파출소에 가서 번지수를 대야 한다고들 하니까 겁도 나고. 저는 지금까지도 숫자에 대한 콤플렉스가 있는데 그게 그때부터 생긴 것 같아요. 집집마다 번지수가 있다는 것도 이상하고 그걸 외우기도 힘든데 좋은 학교 가기 위해 옮긴 주소까지 따로 외워야 하니. 그런 제가 못 미더운 엄마는 수시로 저를 시험하려 드셨죠. 길 잃어버렸을 때는 현저동 몇 번지라고 해야 하지? 학교 가서 선생님이 물어보시면 사직동 몇 번지라고 해야 하지? 그거 헷갈리면 큰일 난다는 식으로. (청중 웃음)

그런데 저는 아주 어려서부터 할아버지나 할머니로부터 받은 교육이, 다른 건 별로 엄하지 않았는데 거짓말을 하는 것에 대해서는 별도였어요. 거짓말을 하면 매도 맞고, 거짓말 잘 하는 애하고는 놀지도 말라는 식의 교육을 받았어요. 그런데 아무리 공부하기 위해서라지만 두 가지 주소, 하나는 진짜 주소 또 하나는 거짓 주소를 외워야 한다는 건 어린 나에게 굉장한 스트레스가 되었지요. 누가 주소 물어볼까 봐 늘 전전긍긍했던 것 같아요. 그런데 지금까지도 기억하는 건 진짜 주소였던 '현저동 46-418'입니다.

학교에서 산수나 그런 걸 못한 건 아니지만, 아무튼 전화번호 외우고 이런 건 정말 못해요. 지금까지도 잘 안되고 뭘 외워야 한다거나 돈에 대한 계산 하는 것도 겁이 나고 그래요.

서울에 오고부터 엄마는 제가 공부를 아주 잘하길 바라셨고, 엄마가 원하는 저의 직업까지 그때서부터 정해졌어요. "너는 꼭 선생님이 되어야 한다. 선생님이 되려면 공부를 굉장히 잘해야 된다."고 하셨어요. 그런데 그것도 이해가 되는 게, 어머니는 저를 시집 잘 가라고 공부를 시킨 게 아니라 뭔가가 되길 바란 거였으니까요. 시골서 말대답을 잘하니까 변호사가 되라고 그랬지만 엄마가 여자 변호사를 본 적도 없을 테고, 여자 변호사가 생겨나기도 전 일이었으니까요.

거기 비하면 엄마가 저에게 선생님이 되길 바란 건 훨씬 현실적이고 너무나 이해가 되는 희망이었죠. 엄마가 당시

주로 했던 바느질품이 ―보통 집에서는 바느질을 손수 하지 남에게 시키지 않을 때였는데― 항상 예쁜 비단저고리를 꾸며서 남의 집에 가져가는 것이었는데, 그게 기생 바느질이었을 겁니다. 기생들이야 돈을 잘 벌고 그랬겠죠. 그러니까 엄마가 본 직업여성중의 하나는 기생이고, 또 하나가 선생님이었을 거예요. 초등학교 들어가면 저학년 담임은 다 여자 선생님들이었거든요. 선생님에 대한 엄마의 태도는 지금 생각해도 너무나 공손했어요. 선생님이 첫해에 가정방문 오실 때는요, 제가 사직동으로 주소를 옮겼기 때문에 엄마가 거짓말을 완벽하게 시켜야 되요. 그래서 그 집에 가서 우리 엄마가 앉아 있는 거예요. (청중 웃음) 그 집에 떡하니 안방마님처럼 앉아 있고 그랬어요.

그런데 그 선생님 오실 때 전날부터 준비하고, 그 후에 3학년 때 가정방문 오실 때도 선생님을 우러르는 것이 참 말도 못 합니다. 그래서 지금 선생님을 우습게 아는 사람을 보면 이해가 안 될 정도죠.

그러면서 딸을 선생님으로 키우는 거, 그것밖에는 엄마가 생각을 하지 않으셨던 거죠. 지금 생각하면 엄마는 물론 문학을 좋아하는 분이었다고 생각하지만, 거기에 저자가 있다는 걸 생각도 안 해보셨던 거 같아요. 뭐 저도 삼국지의 저자가 누군지 잘 몰랐고 그런 것에 대해선 생각도 안 해봤으니까요. 아무튼 그냥 선생님이 되어야 한다고 생각하신 거죠. 엄마가 바느질품을 팔아서 자식 수업료를 대면서 생각했던 것은, 여자도 자기처럼 과부가 되었다든가 해도 당당하게 살 수 있어야 한다는 것이었겠죠. 또 엄마는 차별받는 걸 죽어도 못 견디는 사람인데, 그때도 남자와 여자가 동등한 월급을 받는 게 학교 선생님이었던 거 같아요. 그래서 선생님을 최고의 목표로 삼았을 겁니다.

그런데 저는 엄마의 기대에 어긋나게 3학년까지도 공부를 못했어요. 요전에 초등학교 동창을 만났는데, 초등학교부터 중학교 때까지 계속 동창인 애가 있어요. 혹시 아시는지 모르지만 김양식이라고 시 쓰는 분입니다. 그 친구가 "넌 3학년 때까지 지지리 공부를 못했다."고 회상하는 소릴 들었는데, 정말 그랬으니까 내가 엄마를 많이 실망시켰을 것 같은데요. 저는 할아버지한테 그때 한문도 천자문까지 떼었습니다. 그리고 어떻게 깨쳤는지 생각이 나지 않지만 엄마로부터 언문도 깨치고 그랬어요.

그런데 지금 생각해도 한글은 참 신기한 것 같아요. 어떻게 이렇게, '가갸거겨'만 알면 '아야어여' 금세 되고 말이죠. 우리 엄마도 "이 글은 예전에 세종임금이 하룻밤 새 만들었단다." 이렇게 얘기를 해줬어요. 문설주를 보고 아이디어를 얻어서 만들었다고 그렇게 말씀을 하셨어요. 아니 그걸 하룻밤 새. 그리고 '가' 자를 보면, '가' 자는 '가'라는 소리처럼 생겼더라고요. (청중 웃음) 이렇게 음을 형상화할 때 '라' 자도

'라'처럼 생겼고.(웃음)

그런데 일본 글씨에 대해선 아무 것도 모르는 백지상태인 때, 서울의 괜찮은 집 애들은 '아이우에오あいうえお' 이런 건 다 배워 와요. 그런데 우리나라 '아' 자는 '아'라는 소리처럼 생겼는데, 일본 '아あ' 자는 도무지 '아'처럼 보이지 않는 거예요. 도대체 그 소리의 근거가 어디서 왔는지 모르겠다는 거죠. 내가 볼 땐 '가갸거겨'는 근거가 확실한 거 같은데. 일본 말은 그걸 잘 읽지도 못하겠고 알아듣지도 못하겠고. 공부 못하는 고통에 겹친 이중의 고통은 어려운 동네에 살면서 부자 동네 학교에 다니는 고통이었어요. 남하고 잘 어울리질 못했으니까요. 엄마는 딸을 부자 동네에만 보냈지, 어려운 동네하고 부자 동네하고는 애들 입는 옷부터 다르다는 건 전혀 신경을 안 썼지요. 날 꾸며줄 성의도 여력도 없었겠지만 그런 것에는 배려가 없었고, 그래서 항상 짓눌려 있고 그랬어요.

엄마는 초등학교 선생님을 생각했고, 초등학교 선생님은 경성사범에 들어가야 된다는 걸 알고 계셨는데, 경성사범은 전체에서 1등을 해야 들어갔습니다. 나는 그런 걸 꿈도 못 꾸게 공부를 중간 이하로 했는데, 조금씩 문리가 트이고 그러면서 4학년 때부터 선생님이 이름이라도 알아주는 애가 되었어요. 6학년 때부터는 공부도 좀 괜찮게 했지만 사범학교는 시험도 못 쳐봤어요. 그래도 엄마가 동경하던 숙명에는 들어갔습니다.

숙명학교에 들어가고 나니까 엄마가 저에 대한 꿈을 업그레이드시켰어요. "넌 초등학교 선생님 되기는 틀렸고, 알아보니까 숙명에서는 거기서 1등만 하면 일본에 있는 고등사범, 나라고등사범하고 동경고등사범 두 군데가 있는데, 거기로 그냥 유학 보내준다더라. 그러니까 거기 가서 공부 잘해라." 그러셨어요. 그리고 또 그때는 상업학교 보낸 오빠가 집도 사고, 그럭저럭 중산층 생활을 하고 그랬거든요. 그러니까 어머니가 갖고 있는 저에 대한 꿈이 너무도 강했기 때문에, 6.25만 안 나고 학교를 제대로 졸업했더라면 저도 선생님이 됐을지 모르겠어요. 중간에 해방이 되어서 동경고등사범이나 나라고등사범은 갈 수 없었지만, 나중에 제가 서울대 가고 그랬으니까요. 서울대 가고 그럴 때도 선생님이 되어야겠다는 생각을 많이 했어요. 공부를 좋아했으니까 열심히 연구해서 교수도 될 수 있었겠지요. 엄마가 저에게 입력해준 것이 아주 많았기 때문에 전쟁이 안 났으면 충실하게 선생 노릇을 했을 것 같아요. 제가 생각해도 저는 선생님이라는 직업을 제일 좋아했고요, 지금도 그렇습니다.

그래서 엄마의 소원대로 서울대 가고 그랬습니다. 서울대 문리대에 들어왔어요. 지금은 인문대를 별로 선호하지 않는 것 같고 순수문학을 하려는 졸업생도 거의 없는데요. 우리가 문리대 들어갈 때는 전 문리대만 서울대인 줄 알았어요. (웃음) 동숭동에 있는 본부 대학에 문리대가 있고 그래서 입학했는데 그 선배들이 막 잘난 척하는 게요, 여기는 그냥 서울대가 아니라느니, 그때는 대학의 대학이라느니, 뭐 이러면서 난리고, 우리도 그렇게 생각하고 갔습니다. 가까이에 법대도 있고 건너에 의대도 있었지만, "우리는 문리대다, 우리는 대학의 대학이다." 그랬어요. (웃음) 순수 학문을 중요시하는 건 물론 일제의 잔재도 있었을 거예요. 경성제대일 때도 그랬거든요.

그랬는데, 며칠 다녀보지도 않고 전쟁이 났죠. 저는 가족사를 이야기하자면 한이 없는데, 오빠가 6.25 나기 전에 열렬하게 좌익운동을 하다가 보도연맹에 들고 그랬습니다. 그런 환경 때문이었는지 전 6.25 후에도 별 저항감 없이 학교에 계속해 나갔습니다. 그래서 여러 가지 특별한 경험을 했죠. 북쪽에서 내려온 김일성대학 학생들의 선전 선동 공작도 듣고……. 여름방학 동안 7월, 8월까지도 대학에 나갔습니다. 그때 문리대가 어땠는지도 많이 기억하고 있고, 나중에 그때의 경험을 소설로 쓰기도 했죠.

학교에 나가면서 북쪽 체제에 회의가 생길 무렵 오빠의 신상에도 큰 변화가 왔습니다. 그전부터 좌익운동에 가담한 경력이 있는 오빠는 비록 보도연맹에 들긴 했지만, 6.25가 나자 자기가 원하던 세상이 온줄 착각하고 안심하고 있다가 보도연맹 든 경력을 트집 잡혀 재교육 명목으로 북쪽에 끌려갔어요. 북쪽으로 가서 못 왔더라면 차라리 좋았을 텐데, 1.4

● **경성제국대학**京城帝國大學

일제강점기, 우리나라에 유일하게 존재한 대학교. 1924년 '경성제국대학관제'가 공포된 후 1926년에 문을 열었으며, 여기에는 1920~1926년에 전개되었던 '조선민립대학설립운동'에 대응하여 일제가 조선 사람의 민족대학 설립 열기를 식히고 회유하려던 의도가 반영되었다. 해방 후 경성대학으로 명칭이 바뀌었다가 1946년 '국립서울대학교설립안'이 공포되며 9개 전문학교와 통합되어 국립서울대학교로 바뀌었다.

후퇴 하려고 할 때 북쪽에서 도망 와서 여기에서 발목이 잡혀서 피난도 못 가고 집에 남아 있었어요. 오빠가 좌익이었던 관계로 오빠 때문에 서울에 꼼짝 못하고 붙잡혀 있으면서 좌익 세상도 겪고, 그러니까 인민군이 왔을 땐 그것 나름으로 박해를 받고, 아무튼 전 20대의 대학생으로서 못 겪을 일을

많이 겪었습니다.

　　모든 시민이 후퇴한 서울에 남아서 오빠를 지키느라 가족들이 참 많은, 온갖 고초를 겪었고 인명의 희생까지 있었지요. 우리 남매에게 아버지나 다름없었던 삼촌은 사형선고를 받고 옥사하셨습니다. 우리 오빠는 사형선고는 안 받았지만 여기저기 쫓겨 다녔고, 우리 오빠를 감싸기 위해서 우리 식구들이 서울에 남아서 당한 고통은 이루 다 말할 수가 없죠. 인민군이 들어왔을 때는 반동으로 몰리고, 또 국군이 들어오면 빨갱이로 몰리고 이러면서 오빠 대신 제가 끌려가기도 했어요. 저도 6.25 때 서울대에 남았던 경력 때문에 또 사건들을 겪었고, 남들이 다 피난을 남쪽으로 갈 때 저는 저기 임진강 위쪽으로 북쪽으로 갔다가 도망도 오고 그랬어요. 제 생애에서 가장 많은 굴곡을 1950년에서 1951년에 걸쳐서 서울에서 겪었습니다.

　　그때 제가 참 못 겪을 일들을 겪었지요. 그때까지 저는 엄마로부터 보호받고, 부자로까지는 아니어도 잘살던 콧대 높은 대학생이다가, 내 눈에는 정말 거의 인간 같지도 않은 사람들, 그땐 청년단은 왜 그렇게 많았는지, 청년단에도 끌려가서 수모를 당하고, 그 와중에 오빠가 총상 때문에 꼼짝 못하게 되어 1.4후퇴 때 우리 가족은 피난도 못가고 서울에 남아 있다가 다시 인민군 세상을 겪으면서 반동으로 몰리게 됐습니다. 북쪽 군인들은 더욱 혹독해 우리 여섯 식구를 반으로

● 작가와 한국전쟁

작가의 한국전쟁 경험은 삶과 문학 속에 깊숙이 팬 커다란 상처이자 끊임없이 글쓰기에 대한 욕망을 불러일으키는 거대한 창작의 용광로이다. 한국전쟁과 관련된 체험은 여러 편의 소설들 속에서 소재로 다루어지고 있지만, 소설 속의 한국전쟁 체험은 작품들마다 많게든 적게든 작가의 상상력에 의한 윤색을 거친 경우가 많다. 아마도 작가가 쓴 글들 가운데 체험적 사실에 가장 부합하는 것은 자전적 소설로 알려져 있는 『그 많던 싱아는 누가 다 먹었을까』 및 『그 산이 정말 거기에 있었을까』가 있을 것이다. (박혜경, 『박완서의 「엄마의 말뚝」을 읽는다』, 열림원, 2003, 63~64쪽.)

● 보도연맹

국민보도연맹은 정부 수립 직후인 1949년 4월에 창설된, 소위 '좌익 전향자'들로 조직된 반공주의 단체였다. 조직 결성의 대외적인 명분은 이전에 좌익 활동을 했던 사람들에게 전향의 기회를 주겠다는 것이었고, 조직의 이름도 '보호하여 지도한다'는 뜻의 '保導聯盟'으로 했다. 해방과 정부 수립 전후 세계적인 냉전과 극심한 좌우익 대립 속에서 이승만 정권은 정권에 반대하는 세력 및 공산주의자를 탄압하고 포섭하기 위해 보도연맹을 활용했다. 이에 따라 이전에 조금이라도 좌익 활동을 했던 사람뿐만 아니라 무고한 많은 사람들이 가입하게 되었다. 심지어 각 지방행정구역 단위당 할당제를 실시함으로써 많은 사람들이 자신의 의사에 관계없이 보도연맹에 가입하게 되었다. 한국전쟁이 발발한 직후 군과 경찰은 개전 후퇴하면서 '잠재적인 위협'을 제거한다는 명목으로 전국적으로 보도연맹원들을 학살하기 시작했으며, 이렇게 학살당한 사람들은 수만 명이 넘을 것으로 추정하고 있다.

쪼개 오빠하고 엄마하고 조카는 서울에 남게 하고 나하고 올케하고 젖먹이 조카는 북으로 데려가려 했습니다. 임진강가에서 도망쳐 산속에 숨어 있다가 임진강 이남이 수복된 뒤 서울로 돌아와 가족과 재회할 수 있었지요.

그때 오빠는 총상을 당해서 움직이지도 못하고 집에 있었는데, 제가 집안의 가장이 되어 아무런 빽도 의지할 사람도 없이 그 상황을 겪을 때 힘이 되었던 것은, '내가 이것을 잊지 않고 기억했다가 언젠가는 글로 쓰리라.' 하는 생각이었습니다.

그때 나만 겪은 것 같은 일들, 남들은 다 남으로 갈 때 나는 북으로 가고, 남들 피난 갈 때 아무도 안 남은 무인도 같은 서울에서 텅 빈 도시를 지키면서 겪은 온갖 일들, 온갖 인간들, 운명의 장난 같은 요행과 불운, 그중에도 가장 견디기 어려웠던 건 내 눈에 인간 같지도 않은 인간 밑에서 버러지처럼 기어야 하는 상황이었습니다. 한껏 비굴해지고 아부해야 하는 상황, 살아남기 위해서 온갖 수모를 겪어야 하는 순간에도 나에게 그 수모를 견디게 하고, 그래도 마음까지 밑바닥 버러지가 안 되고 최소한의 자존심이나마 지키게 한 것은, '그래 내가 이걸 잊어버리지 않고 있다가 언젠가는 글로 쓰리라. 내가 지금 네 앞에서 벌벌 떨고 비굴하게 아부하고, 네가 원하는 거짓말까지 하고 있지만 언젠가는 너를 내 소설 속에서 벌거벗겨 진짜 악인으로 그려내야지.' 하는 생각이었습니다.

●복수로서의 글쓰기, 증언으로서의 글쓰기

그때 내가 미치지 않고 온전한 정신으로 살아남을 수 있었던 비결은 그래, 언젠가는 이걸 소설로 쓰리라, 이거야말로 나만의 경험이 아닌가라는 생각이었다. 그건 집념하고도 달랐다. 꿈하고도 달랐다. 그 시기를 발광하지 않고 살아남을 수 있는 유일한 방법이었고, 정신의 숨구멍이었고, 혼자만 본 자의 의무감이었다. 전쟁이 끝나고 세상이 살 만해지고 나 또한 보통사람으로서의 무사안일을 누리는 동안 그건 짜릿한 예감이 되어 나의 안일에 잠복해 있다가 발병처럼 갑자기 망각을 들쑤성거리곤 했다.(〈작가의 말〉,『목마른 계절』, 열린책들, 1987, 302쪽.)

●미8군 Eighth United States Army

한국군과 유엔군을 지휘하고 유엔군 사령부의 책임을 수행하는 주한 미 지상군. 한국전쟁 직후인 1950년 7월 일본에서 한국으로 투입되었고, 휴전 후인 1955년 7월 서울로 이동했다. 한국 사회에서 주둔 외국 군대로서의 역할뿐 아니라 GI문화라고 불리는 미군 문화와 미8군 쇼에서 시작된 대중문화를 전파했고, 기지촌 주변의 '양공주' 문제와 PX를 통해 흘러나온 미군 보급품의 판매와 암시장에 이르기까지 수많은 사회문화적 영향과 기억들을 만들어냈다.

그때 내가 '나중에 어떤 권력을 갖고 저런 인간들에게 복수해야지.' '정의가 사도가 되어 저따위 인간성을 부끄럽게 해야지.' 이런 생각은 왜 안 했는지 모르겠어요. 내가 부자가 되어서 권력이나 돈을 많이 갖고, 높은 지위를 갖고 저것들을 어떻게 해주고 싶다는 생각도 전혀 안 들더라고요. 다만 '언젠가는 저것들을 소설 속에 등장시키리라.'라고만 생각한 거죠. 저것들을 소설 속에서 버러지를 만듦으로써 내가 버러지를 면할 수 있다는 그런 게 아니었던가 싶어요. 그게 내가 제정신 갖고 사는 방법이고, 또 내가 하나하나를 잊지 않고 기억하게 하는 방법인 거 같아요. 왜 우리는 악몽 같은 걸 잊고 싶어 하잖아요? 그렇지만 나는 나에게 가장 악몽 같고 힘난했고, 인간이 아니었던 시절을 기억하고 언젠가 기록해서 형상화해야 하니까 잊으래야 잊을 수가 없는 거죠.

내가 언젠가는 인간이 아니었던 시절에 대해서 증언하고 쓰지 않으면 내가 정말 인간이 아니게 된다는 이런 생각이 제가 그 시절을 견디게 하는 힘이 되었습니다. 그렇지만 결국 오빠도 우리가 지키지 못하고 아주 비참하게 죽는 걸 봐야 했어요.

저는 졸지에 아직 휴전되기 전의 최전방 도시인 서울에서 노모, 어린 조카들, 젖먹이가 딸린 올케 등 여섯 식구의 가장이 되었습니다. 산 입에 거미줄 치란 법은 없다는 게 극빈한 사람들의 생활철학이었는데 우리 집도 아사 직전에 제가 미8군 PX에 취직이 됐습니다. 지금 서울의 신세계백화점 자리가 미8군 PX였는데, 그 PX에 취직한다는 게 그때로서는 쉽지 않은 일이었어요. 정말 우연치 않게 그 앞에 얼쩡대다가 취직이 됐다고 말한 적이 있는데, 사실은 그때 제가 서울대학교에 입은 은혜가 많아요.

환도하기 전의 서울에는 직장다운 직장이 하나도 없었어요. 그때 서울대 문리대 자리도 미8군에서 썼습니다. 뭐 공장이 있어요? 관공서가 있어요? 웬만한 사람은 다 부산, 대구에 있고, 서울은 아주 최전방 도시니까 그래도 괜찮은데, 사람들이 다 취직하고 싶어 하는 데가 미8군 PX였어요. 그 주위만이 불빛이 번쩍거리고 흥청거렸으니까요. 우리나라에 산업이랄 게 없는 전시니까, 다 거기서 흘러나오는 것들, 담배도 양담배, 초콜릿도 다 거기서 나온 걸로 상거래가 이루어지고, 남대문 시장이며 명동 거리가 흥청거린 거죠.

그런데 아까 취직이 쓱 쉽게 됐다고 했는데 실은 학력을 서울대라고 했고, 전 국문과였는데 영문과라고 속였어요. (청중 웃음) 재학 증명 뗄 곳도 없고 그랬으니까요. 사람 뽑는 사람들 눈에도 미군 부대를 전전하는 세련된 여자들하고는 판이하게 촌스러워 보인 것이 서울대 이미지하고 맞아떨어졌을 겁니다. 저는 서울대 며칠 다니지도 않고 서울대 덕을 많이 봤습니다.

그리고 PX 덕도 많이 봤다고 생각하는 게, 거기 들어가서, 나중에 남편이 된 사람도 직원은 아니었지만 거기서 만났고, 거기서 연애도 많이 했고 (청중 웃음) 처녀작 『나목』의 주인공이 된 박수근 화백도 거기서 만났습니다. 나는 결혼하고 평범하게 잘 살았으니까, 그분을 만난 것이 나중에 제가 변신할 수 있는 운명적인 계기가 되었다고 생각해요.

취직이 되고 나서 배치할 부서를 정할 때, 저를 테스트해본 사람이 제 영어 실력이 시원찮아서 그랬는지, 반짝거리는 미제 물건들, 초콜릿도 팔고 담배도 파는, 즉 블랙마켓을 할 수 있는 상품을 파는 매장으로 보내지 않고 으슥한 데 있는 이상한 데로 저를 보냈어요. 아주 더러운 휘장이, 커튼이 쳐져 있는 데였는데요. 거기가 어디냐 하면, 그 뒤에서 간판쟁이들을 모아놓고 초상화를 그리는 데였어요. 그럼 초상화를 제가 빼돌려서 팔겠어요 뭐하겠어요. 그렇다고 거기서 그림을 그리라고 저를 보낸 것도 아닐 테고요. 제 역할은 지나가는 미군들을 꼬셔서 초상화를 사도록 만드는 호객 행위가 주였어요. 영어를 못하는 사람을 그쪽으로 보내는 게 아니었다고 생각해요. 사실 물건 팔기는 굉장히 쉬워요. 미군들만 오는 데고 정가대로 팔면 되니까요. 영어 한마디 못 해도 팔아먹을 수 있는 건데, 거기는 그냥 초상화 그리겠다고 제 발로 찾아오는 미군이 한 명도 없습니다.

아주 싸구려 그림이지만 지나가는 미군들을 요령껏 꼬셔야 주문을 받을 수 있는 건데 그게 짧은 영어로 될 법한 소리입니까. 그 당시로서는 월급도 많았어요. 그래서 '이제 내가 그냥 벙어리 노릇을 하고 있어도 한 달 월급은 주겠지. 한 달 월급만 채우고 나가자.' 하고 생각했어요. 그땐 정말 굶어 죽기 직전에 된 취직이었거든요. 우리 오빠 없어지고, 우리 엄마, 올케, 조카들을 굶길 순 없잖아요. 오로지 월급을 타 가자는 일념으로 며칠을 벙어리 노릇을 하면서 앉아서 날짜만 꼽고 있는데, 뒤에서 화가들이 화가 난 거예요. 내가 주문을 받아야 그리거든요. 그때까지 그린 것은 전에 주문을 받아놓은 것을 그린 건데 이제 거의 바닥이 나가는 거예요. 그 사람들도 말 독하게 해요. 중앙극장, 수도극장, 그런 데서 간판 그리던 사람들인데, "아니 누구 목구멍에 거미줄 치는 거 보고 싶냐?" 그러니까 어쩔 수 없이 나도 말문이 조금씩 트이기 시작한 거죠. 우리 식구 먹여 살리려고 나와 앉았는데, 다섯 식구의 밥줄만 나에게 걸려 있는 게 아니었던 거죠. 그 사람들처럼 마흔 살, 쉰 살 된 이들은 식구도 많았어요. 그걸 생각하니까 자연히 말문이 트이게 되더라고요.

그 사람들, 화가들이 절 보고 자꾸 파마하라고 해서 파마도 했습니다. 미군들한테 예쁘게 보여야 주문도 더 받을 수 있다고. 그때 서울에 미장원도 별로 없을 때 야매 미장원 가서 파마했던 기억이 지금 생각해도 비참한 모습으로 남아 있어요. (청중 웃음) 아니 지금처럼 약으로 할 때가 아니에요. 약을 치고 말아가지고 불로 해요. 그러면 얼굴에 불화로를 얹고 앉는 거야. 불화로를 머리에 쓰고 거울을 보고 있는 나를 생각할 때, 정말 비참의 밑바닥에 떨어진 것 같았습니다.

그러면서 얼굴에 화장도 하고 입술도 칠하고 앉아가지고, 쇼윈도 속에 진열해놓은 견본 그림을 유심히 보는 미군만 있으면 수작을 거는 거죠. "당신 참 핸섬하다. 네가 핸섬하니까 걸프렌드도 예쁘겠지?" 뭐 이런 말은 할 수 있잖아요? (웃음) 그러면 그 사람들은 대개 지갑을 꺼냅니다. 난 그것도 참 신기했어요. 우리는 사진도 잘 못 찍을 땐데, 그 사람들이 지갑을 꺼내면 사진이 쫙 나옵니다. 가족을 비롯해서 여자 친구. 그러면 또 예쁘다고 호들갑을 떨면서 여기 우리나라의 유명한 화가들이 다 모여 있다고, 그림값은 단돈 6달러지만 자기 초상화를 선물로 받은 여자 친구가 얼마나 좋아하겠느냐고, 나도 만일 내 보이프렌드가 나한테 그런 선물을 하면 어떨까 상상만 해도 해피해진다고, (청중 웃음) 이런 식으로 브로큰 잉글리시를 지껄인 거죠.

그렇게 해서 조금씩 주문도 받게 되었지만 이게 아주 고약한 장사예요. 다른 건 한 번 사가면 되잖아요? 그런데 이건 주문한 그림을 찾으러 와야 하잖아요. 와서 보고 만족하는 사람은 거의 없어요. 아니래, 이거보다 더 예쁘다는 거예요. 그러면 화가한테 다시 그려달라고 그러는 거죠. 업주는 절대 손해 안 보니까요. 그러니까 저하고 화가하고는 상부상조하는, 화가가 있음으로써 제가 있고 제가 있음으로써 화가들

● 박수근朴壽根

화가 박수근의 삶과 예술은 '서민의 화가'라는 한마디로 요약된다. 그는 곤궁한 시절에 힘겹게 살아갔던 서민화가 그 자체였다. 1914년 강원도 양구 산골에서 태어난 박수근은 가난 때문에 초등학교밖에 다닐 수 없었다.

1932년에 독학의 시골 미술학도로서 전부터 목표로 삼았던 서울의 조선미술전람회鮮展 서양화부에 이른 봄의 농가를 그린 수채화 〈봄이 오다〉를 출품하여 입선하자 크게 용기를 얻었고, 이후에도 수차례 입선하게 된다.

한국전쟁 중 월남한 그는 군산에서 부두 노동자 생활을 했다. 1953년에는 미8군 PX지금의 신세계백화점 건물에서 초상화를 그렸고, 여기서 모은 35만 환으로 창신동에 조그마한 판잣집을 마련하고 작은 마루를 제작 공간으로 삼아 창작에 열중했다.

그리고 전쟁으로 중단됐다가 이해 가을에 속개된 제2회 대한민국 미술전國展 서양화부에 남한에서 첫 출품한 〈집〉이 특선으로 선정되고 각광을 받았으며, 〈노상에서〉가 입선했다. 이후 활발한 작품 활동을 하다가 1965년 51세의 나이로 사망했다.

화가는 힘들고 고단한 삶속에서도 삶의 힘겨움을 탓하지 않고 그렇게 살아가고 있는 서민들의 무던한 마음을 그렸다. 절구질하는 여인, 광주리를 이고 가는 여인, 길가의 행상들, 아기를 업은 소녀, 할아버지와 손자, 그리고 김장철 마른 가지의 고목들 등이 그 대상이었.

박수근은 이후 수차례 유작전과 기획전이 열리며 각광을 받았다. 그는 가장 서민적이면서 가장 거룩한 세계를 보여준 화가가 되었고 가장 한국적이면서 가장 현대적인 화가로 평가되고 있다.(『朴壽根 1914~1965』, 열화당, 1985.)

이 있는 사이지만, 그래도 또 저는 그 사람들을 잘 그리게 만들어야죠. 그리는 책상 사이를 제가 돌아다니면서 건방지게 초등학교 선생님이 열등생한테 하듯이, 책상을 손으로 탁탁 두들기면서 "왜 극장 간판을 그렸으면서 그런 요령도 모르냐. 사진보다 조금만 더 예쁘게 왜 못 그리느냐." 이렇게 야단을 치죠. 저는 또 그려달라는 사람들한테도 세세한 걸 다 물어봐야 돼요. 흑백사진이니까, 머리털 색이 어떠냐. 그리고 눈도 블루, 네이비블루, 그레이, 눈동자 색깔까지 전부 말을 듣고 적어서 사진에 첨부해가지고 화가들한테 넘겨주는 거거든요. 옷은 어떤 빛깔인지도요. 그래서 지금 생각하면 내가 어쩌다가 여기 와서 이 짓을 하나 이런 생각 때문에 화가들한테 아주 건방지게 굴었지요. 박 선생, 이 선생 그래도 되는 걸 그냥 아저씨라고 부르든지, 박 씨, 이 씨 이렇게 불렀어요. (청중 웃음) 인부들이나 하인들 대하듯 마구 하대를 한 거죠.

    그런데 저한테 구박받은 그중의 한 사람이 박수근 화백이었어요. (청중 웃음) 어느 날 그분이 두툼한 화집을 하나 가져왔는데, 그게 일제 시기의 선전鮮展, 조선미술전람회 때 입선한 작품이 들어 있는 것이었어요. 거기서 특선인지 한 그림이 자기 거라는 거예요. 흑백으로 나왔었는데, 절구질하는 여인이었습니다.

    그래서 깜짝 놀랐죠. 저도 꼴에 예술가는 좋아하는 게 있어가지고, 깜짝 놀랐어요. 아마 그분도 저한테 너무 수모를 당하니까 (청중 웃음) 인간 대접을 받고 싶어서 그랬던 것 같습니다.

그래서 그러시냐고 그러고, 그러면서 같이 일 끝나고 차도 마시고 위로를 많이 받았습니다. 또 그분이 양구 태생이에요. 양구가 그렇게 격전지였습니다. 철원, 화천, 인제 등 당시의 격전지 중에 양구가 유난히 생각나는데, 미군들이 휴가 나오면 필수품 사려고 제일 먼저 들르는 데가 PX거든요. 전방에서 온 티가 나죠. 군복에 전장의 먼지가 묻은 채로 그냥 달려와서 물건 사고, 또 여자들하고 농담도 하고 그랬는데요. "너 어디서 왔냐?" 하고 물으면, 걔네들이 격전지를 말할 때 양구도 그냥 양구라고 안 그러고 "갓댐 양구." "갓댐 판문점, 갓댐 화천, 철원." 그러는데, (청중 웃음) "갓댐 양구." 그럴 적에 '아 박수근 선생이 들으면 가슴 아프겠다.' 이런 느낌도 나고 그랬어요.

그러니까 그분이 같이 있다고 생각하면, 그 직장에 아주 밑바닥 인생만 있는 것 같다는 생각을 점점 고쳐먹게 되더라고요. 나 잘난 맛도 부끄러워지고. 청소하는 아줌마 중에도 중학교 선생님, 국어 선생님이 있었어요. 전시에는 모든 직업이 막 뒤섞이고 그럽니다. 먹고 살기 위해선 사람이 뭘 못 하겠어요.

또 통역하는 사람 중에 대학 영문과 선배도 있었고, 은행 다니던 사람도 거기 주방에서 팝콘 튀기는 일 하고. 그 안

엔 모든 직업군이 있었고, 학력의 고하 없이 평등했으니 내가 거기서 결코 잘난 사람이 아니더라고요. 난 그냥 서울대 1학년 국문과에 며칠 다니다 만 주제에 내가 거기서 제일 학력이 높은 사람인 줄 알고 건방을 있는 대로 떨었더랬죠.

그러면서 말을 나눌 수 있는 사람들이 주위에 여럿 있다는 것만으로도 따뜻한 위로가 되었고, 전쟁 중에 만났던 꼴사나운 사람들에 대한 복수심까지도 없어지더라고요.

그랬다가 『나목』을 쓰게 된 것은 박수근 화백이 돌아가셨다는 말을 듣고, 또 그분이 점점 유명해진 후 그분의 유작전을 본 후였어요. 1969년인가. 그분의 그림을 처음으로 한눈에 보면서, 6.25 때 내가 어떻게 살았나 쓰고 싶었던 마음은 다 없어지고, 그분에 대해서, 그분이 어떻게 살았는지에 대해서 쓰고 싶은 마음을 억제할 수 없더라고요. 그래서 제가 맨 처음에 쓴 것은 소설이 아니었어요.

결혼해서 한 20년쯤 편하게 살다 보니 전쟁 때 고생한 기억도 흐려지고 따라서 복수심이나 증오심도 남아 있지 않아 쓰고 싶은 욕망도 사라진 후였는데, 느닷없이 그분에 대해서 증언하고 싶다는 생각이 든 거예요. 지금 그분의 그림이 얼마라고 그림 거래 하는 사람들이 난리를 치지만, 정작 그분은 얼마나 심한 빈곤 속에서 어떻게 살았는지를 내가 증언하고 싶다는 것이었죠. 이런 건 사실 소설일 필요가 없어서, 논픽션으로 쓰려고 했어요. 나중에 전 『여성동아』에 응모했지

●데뷔작 『나목』

『나목』은 1970년 『여성동아』 여류장편소설 모집에 응모해 당선된 작품으로, 1970년 『여성동아』 11월호 별책 부록으로 활자화 되었으며, 열화당 판1976, 절판, 작가정신 판1990, 절판, 민음사 판1981, 개정판 1997, 세계사 판박완서 소설전집 10권, 1995이 있다. 박완서 선생은 여러 출판사를 거치면서 문장을 조금씩 다듬었다. 1970년 마흔 살의 나이에 『나목』으로 작가의 길을 걷기 시작했을 때 작가는 1남 4녀의 어머니이자 아내이자 며느리로서 살고 있었다. 공모 마감까지 3개월 남짓한 기간 동안 작가는 가족들 몰래 하느라고 더욱 힘들게 원고에 매달려 "꼭 뭣에 홀린 것처럼 정신없이 그 고달픈 작업에 몰입"하면서도, "혹시 당선이 안 될지도 모른다는 생각은 전연 하려 들지 않았다."고 말했다. 『나목』은 박완서의 작품 세계 전반을 관통하는 모티브들이 뒤섞여 있는 작품이면서도 전쟁 체험이나 속물근성에 대한 비판과는 일정한 거리를 유지하고 있다고 평가받았다.

1970년에 출판된 『나목』의 초판 표지

만, 그때는 지금도 있는지 모르겠지만 『신동아』에서 '논픽션'을 응모하는 게 있었습니다. 논픽션에 박수근 이야기를 쓰려고 그러는데, 그 직장에서 우리가 사귄 것 외에는 거의 그분에 대해서 아는 게 없어요. 그분의 집에 가본 적도 없고요. 논픽션을 쓰려면 허구를 보태면 안 되잖아요? 그래서 사실만을 모으려면 그분의 유족들을 대상으로 취재를 해야 되는데, 그게 그렇게 하기가 싫어. (청중 웃음)

제가 이런 생각이 들었어요. 그냥 내가 막 꾸며서 쓰고 싶다고. 그렇지만 근거 없는 이야기를 내 맘대로 꾸며서 쓰면 논픽션이 아니니까, 응모해도 떨어질 것 같잖아요? 그리고 참, 그 사람 얘기도 쓰고 싶지만 그 사람 얘기 속에 나도 들어가고 싶더라고요. 이것이야말로 문학의 본질적 욕구 같은데요, 나도 작품 속에 들어가고 싶고, 내 얘기도 좀 하고 싶은 거요.

어느 날은 글 쓰는 것이 도무지 안 나가다가 어느 날은 잘 나가요. 진도가요. 그다음 날에 이어서 쓰려고 보면 내가 막 보탠 거야 거짓말을. (청중 웃음) 그리고 그럴 땐 잘 나가고 쓰는 행복감이 있지만, 누구한테 물어봐가지고 그분에 대한 증언을 듣거나 내가 아는 그분에 대한 사실만 가지고 쓰려면 막 짜증만 나고, 안 써지고 그래서 비로소 나를 발견한 거죠. 내 상상력을 보탬으로써 그분뿐 아니라 내가 살아낸 지난 시대를 그리는 데도 훨씬 생동감이 있어지는 거. 그리고 쓰는 쾌감도 생기고. 창조의 기쁨이죠. 내가 그 안에 들어가

●**기억의 형식으로서 자기 이야기를 하고 싶은 욕망**

"사실과 다른 걸 뭔가 보태서 내가 원하는 어떤 인간상을 만들고 싶은 욕구가 자꾸 생기고 그래서 자꾸 거짓말을 보태게 되고, (……) 자기를 털어놓고 싶은 욕구 같은 거. 논픽션을 쓰면서 영 성이 차질 않아요. 그래서 딱 소설로 바꿨을 때, 제 생각으로는 그게 내 자기 발견이 아니었나 싶습니다. 그래서 소설로 써보자 하니까 사실에 근거해야 된다는 생각으로 쓸 때와는 달리 내가 알고 있는 몇 가지 사실로부터 놓여나니까 굉장히 자유스러워지더라고요."(『말·삶·글 Ⅰ』, 열음사, 1992, 32~33쪽.)

"자꾸만 끼어들려는 자신의 모습과 거짓말을 배제하기란 쉬운 노릇이 아니었다. 그걸 완전히 배제하면 도무지 쓰고 싶은 신명이 나지 않았다. (……) 전기를 소설로 바꿈으로써 상상력이 제한을 안 받게 되자 도리어 있었던 사실만을 모아 그를 구성할 때보다 내가 이해한 그의 진실에 훨씬 흡사한 그를 창조할 수가 있었고, 그와 내가 함께 호흡한 한 시대를 보다 생생하게 재현할 수가 있었다."(〈나에게 소설은 무엇인가〉, 『박완서 문학앨범』, 웅진출판, 1992, 138~139쪽.)

지 않으면 그 안에 있는 모든 것, 인물이라든가 그걸 움직일 수가 없더라고요.

논픽션 공모에 그런 허구를 보태면 규칙 위반이고 거짓말이 되지만, 소설은 허가받은 거짓말 아니에요? 그래서 소설로 전환을 하고 보니, 논픽션이 5월에 마감이고 소설은 7월 마감이었어요. 5월에 응모하려고 3월, 4월 동안 고생하다가, 딱 소설로 전환을 하니 시간이 더 늘어나긴 해도, 또 논픽션은 200~300매지만 소설은 1000매 이상 1500매가 되니까 너무 힘들긴 해도, 즐거워하면서 쓸 수 있었죠. 생각해보니 당시엔 창피하고 감추고 싶었던 PX 생활이라는 것이 저에겐 여러모로 제2의 인생을 열어준 소중한 체험이 되었습니다. 제 강연은 여기까지입니다.

(청중 박수)

©씨네21·오계옥

제2부 : 패널 질문과 토론

●여정성(사회자) : 오늘 세 분의 패널을 모셨습니다. 옆에 계신 법학전문대학원 안경환 교수님께서는 법과 문학을 접목시킨 여러 가지 활동을 하고 계시고 아시다시피 최근에는 국가인권위원장을 역임하셨습니다. 다음으로 영문과 민은경 교수님이세요. 교수님께서는 18세기 영미 문학을 전공하고 계십니다. 그리고 방민호 국어국문학과 교수님 모셨습니다. 교수님께서는 한국현대소설을 전공하고 계십니다. 먼저 안경환 선생님 말씀 듣겠습니다.

●안경환(서울대 법학전문대학원 교수) : 반갑습니다. 박완서 선생님 옆에 앉아서 이런 영광을 누릴 줄은 미처 몰랐습니다. (웃음) 우선 저희 세대가 박완서 선생님의 작품을 어떻게 읽어왔는지를 저 자신의 경험을 중심으로 해서 말씀드리겠습니다. 이어서 제가 독자의 입장에서 생각하건데 박완서 선생님 작품이 가진 특성이 뭔지 세 가지 정도 말씀을 드리겠습니다. 그리고 여기 계시는 분들이 품고 있으리라고 생각되는 의문을 세 가지 정도 짚어서 질문을 드리겠습니다.

먼저 박완서 선생님께서 조금 전에 데뷔작인 『나목』을 쓰신 배경에 대해 말씀하셨는데, 이 작품이 세상에 알려진 것

> 박 선생님의 문학은 중년 여인의 일상적 감수성을 발굴해내는 대단히 중요한 일이었다고 생각합니다. 그중에 특히 억척스러울 정도로 강한 어머니의 역할을 부각시킴으로써 우리 문학에 '어머니 페미니즘'을 정착시킨 작가라는 것을 우리는 잘 알고 있습니다.
>
> 안경환 교수

이 1970년 10월이었습니다. 당시 저는 대학을 졸업하고 군에 입대했다가 첫 휴가를 나왔을 때 그 소식을 들었습니다. 그 당시 '동아'는 권위도 있고 신뢰도 있었어요. 박 선생님께서는 당초『신동아』논픽션에 응모하려 하셨다는데, 결과적으로는『여성동아』에 소설로 당선이 되셨습니다. 이를테면 여성만을 대상으로 한 응모에 뽑힘으로써 '여류' 소설가로 등장하신 거지요.

저희 세대는 박 선생님처럼 일제강점기의 경험은 전혀 없고, 해방 직후에 태어나서 어린 나이에 전쟁을 겪었지만 전쟁 자체에 대한 기억은 별로 없습니다. 그러나 전쟁 이후의 궁핍한 일상은 잘 알고 있고, 또 전쟁으로 인한 가족사의 불행도 어느 정도 공유하고 있습니다.

제 경우는 서울에 남아 6.25를 겪음으로써 박 선생님이 겪어야 했던 여러 상황을 저희 가족도 겪었다는 이야기를 간접적으로 들었기 때문에, 박 선생님 작품은 처음부터 저에게도 크게 관심을 끄는 작품이었습니다.

『나목』에서 선생님이 전쟁과 미군 PX에 대해 쓰셨기에 저희 세대들은 상당히 많이 공감한 부분이 있었습니다. 그리고 마흔 살에 작가가 되었다는 사실 자체도 놀라운 일이었지요. 보다 앞서 제가 고등학교 3학년 때에 처음으로 나이 많은 작가가 데뷔해서 갑자기 유명해진 분이 계셨습니다. 1965년『소설 알렉산드리아』로 선풍적인 주목을 받고 등장한 이

● **이병주**李炳注, 1921~1992년

언론인이자 소설가로 호는 나림那林이고 경상남도 하동 출생이다. 1941년 일본 메이지대학明治大學 문예과를 졸업하고, 이어 와세다대학早稻田大學 불문과에 진학하였으나 학병으로 동원되어 중퇴하였고 한때 중국 쑤저우蘇州에서 지냈다.

1945년 광복과 함께 귀국하여, 1948년 진주농과대학 강사, 1951년 해인대학海印大學, 현 경남대학교 교수가 되었다. 이 대학에 재직 중인 1953년, 32세 때 첫 장편『내일 없는 그날』을 「부산일보」에 연재하였다. 그는 1961년 5.16으로 인한 필화사건으로 혁명재판소에서 10년 선고를 받고 복역하였다.

2년 7개월 만에 출감한 뒤 서울로 옮겨 한국외국어대학과 이화여자대학교 등에서 강의를 맡았다. 본격적인 작가활동을 시작한 것은 1965년 중편『알렉산드리아』를『세대世代』에 발표하면서부터였다. 이 소설은 정치와 인간의 관계에 대한 다원적인 문제를 새롭게 접근하여, 맨 처음 발표되자마자 대단한 반향을 불러일으켰다. 계속하여 여러 작품을 발표했고 한해도 빠짐없이 중·단편을 발표하거나 또는 신문·잡지 등에 장편소설을 연재하였는데, 그 안에 펴낸 소설집만도 60권 이상이 된다. 그의 문학은 역사와 시대와 정치와 사회 전반에 걸쳐 이루어지고 있는데, 그중에서도 특히 일제강점기와 광복 후 좌우익의 대립, 그리고 4.19와 5.16으로 이어지는 현대사는 거의 지식인의 문제를 포괄하고 있다. 1976년, 장편『낙엽』으로 한국문학작가상을 받았으며, 1977년에는 중편『망명의 늪』으로 한국창작문학상을 받았다. (한국 역대 인물 종합정보 시스템)

병주 선생이시죠. 그분은 박 선생님보다 10년쯤 연상이지요. 일제 말기에 대학생 학병으로 전쟁터에 끌려갔고, 해방 후에 좌우의 이념 갈등을 겪었고, 언론에 몸담아 활약하다 5.16 직후에 감옥에 갔습니다. 원숙한 나이에 자신의 체험을 바탕으로 시대의 보편적 주제를 다룬 작품으로 등단했다는 점에서 저는 이병주의 등장과 마찬가지로 박 선생님의 등장을 매우 기쁘게 받아들였습니다.

그런데 그전까지 저희들은 소설가라면 응당 남성만을 생각했고 본격적인 의미에서 여성인 소설가를 생각하지 않았습니다. 문단과 언론에서도 꼭 '여류'라는 수식어를 붙였습니다. 그래서 박 선생님을 일컬을 때 소설가 앞에 '여류'의 꼭지를 땐 최초의 작가라고 말하고 있습니다.

박 선생님 이전의 이른바 '여류' 소설가들의 작품에서 풍기는 일정한 이미지가 있었습니다. 이를테면 도회지 부잣집의 딸, 신촌의 이화여대 출신, (청중 웃음) 비누 냄새를 풍기고 있고요. 그래서 도시의 상류 사회, 서양 고전음악을 즐겨야 하고, 이름이 복잡한 커피를 마셔야 되고요. 세련미, 외국 얘기 많이 나와야 하고. 그래서 시골 사람이나 일반 서민의 정서와는 많은 거리가 있었습니다.

그런데 박 선생님의 등장과 더불어서, 김치 냄새, 된장, 그리고 부엌의 기명器皿물, 이런 것들이 당당한 문학적 소재가 되었다는 것입니다. 또한 선생님 스스로 산문집 제목으

● 소설가 정이현과 김애란

두 소설가는 현재 대표적인 젊은 여성 소설가로 꼽힌다. 정이현은 1972년생 소설가로 2002년에 단편 『낭만적 사랑과 사회』로 데뷔, 2006년 장편 소설 『달콤한 나의 도시』가 엄청난 인기를 모으면서 스타 작가의 반열에 올랐다. 『달콤한 나의 도시』는 2008년 드라마로 방송되기도 했다. 김애란은 1980년생 소설가로 2002년 대산대학문학상으로 등단했다. 소설집으로 『달려라, 아비』, 『침이 고인다』가 있다. 2005년 최연소로 '한국일보문학상'을 받은 이래 '이효석문학상', '오늘의 젊은 예술가상'을 잇따라 수상했다.

● 전태일全泰壹, 1948~1970

평화시장 재단사 출신의 노동자. 1970년 11월 13일 열악한 노동조건에 항거, 분신자살했다. 17세부터 평화시장에서 미싱사 보조로 일했다. 재단사들의 친목 모임인 '바보회'를 조직했으며, 근로기준법을 독학으로 공부하면서 평화시장의 노동실태를 철저히 조사, 그 개선 방안을 노동청에 제출하기도 했다. 자신의 고통보다도 나이 어린 소녀 노동자들의 고통에 마음 아파하며 근로 조건 개선을 위해 싸웠다. 피켓 시위를 벌이려다 강제로 해산당하자 분신을 감행했으며, 화염에 휩싸인 채로도 "근로기준법을 준수하라." "우리는 기계가 아니다."라고 절규하며 노동자의 열악한 인권을 세상에 알리려 했다. 이 사건을 계기로 11월 27일 청계피복노동조합이 결성되었으며, 이후 한국의 노동운동은 새로운 전환을 맞았다.

로도 쓰셨지만, 필요하면 직접 '호미'를 들고 채전茶田을 가꿀 수 있는 흙의 여인이 문학에 등장한 것이지요. 그런 의미에서 박 선생님의 문학은 중년 여인의 일상적 감수성을 발굴해내는 대단히 중요한 일이었다고 생각합니다. 그중에 특히 억척스러울 정도로 강한 어머니의 역할을 부각시킴으로써 우리 문학에 '어머니 페미니즘'을 정착시킨 작가라는 것을 우리는 잘 알고 있습니다.

두 번째는, 보통 작가들이 다양한 소설의 장르 중에서도 세부적인 특장이 있습니다. 그런데 이른바 대가가 그러하듯이 선생님은 널리 어우르고 있습니다. 장편, 단편뿐만 아니라 산문도 한 가경佳境을 세우셨지요. 가톨릭 묵상록까지 쓰셨고요. 그런가 하면 기억하는 독자가 적을지 모르겠지만, 초기에는 콩트도 쓰셨습니다. 데뷔하고 10년쯤 되셨을 때 쓰셨는데 그 콩트들을 보면요, 요즘 주목받고 있는 정이현이나 김애란 같은 상큼하고 앙큼한 표현과 기법이 많아요. (청중 웃음) 또한 선생님의 자전적 회고에 의하면 소녀 시절에 일본 글을 접하면서 일본 사소설을 많이 읽으셨다는데, 비슷한 인상을 풍기는 선생님의 작품도 있어요. 뿐만 아니라 제 생각으로는 한때 추리소설도 시도하신 것 같습니다. 『욕망의 응답』 같은 작품이지요. 이렇듯 박 선생님은 다양한 문학 장르를 포용하여 왔습니다.

작자 박완서는 시대의 흐름에 따라 역할을 달리하셨어

요. 『나목』이 등장할 때가 1970년 10월이었지요. 그해 11월 12일, 그러니까 약 30년 전 바로 오늘, 청계천의 노동자 전태일이 자신의 몸에 불을 질러 자살했습니다. 이 일이 바로 그 다음 날 11월 13일 자 「한국일보」 톱에 나와 있습니다. 그게 『나목』의 등장 소식과 함께 제가 첫 휴가를 나와서 접한 사실입니다.

우선 『나목』이라는 제목이 연상시키는 소외감과 상실감에 이끌렸습니다. 저희들 세대는 그 당시 뭔가에 의해 체포된 일상을 산다고 생각했습니다. 한국이란 나라는 독재와 공포가 일상화된 겨울 공화국이라는 말이 나돌 때였지요. 사회적인 약자가 자신의 나신을 불 지르면서 세상에 대해 "근로기준법을 지켜라." "내 죽음을 헛되이 말라." 이렇게 외쳤다는 생각이 들었어요. 그래서 박 선생님 데뷔작은 제목 때문에 더욱 공감했어요. 나목의 등장과 전태일 사건에 이어 곧바로 실제로 겨울이 왔지요. 『나목』 다음으로 제가 읽은 작품은 1976년의 『휘청거리는 오후』였습니다. 이 작품도 「동아일보」에 연재되었어요. 역시 제목이 매력적이었어요. 오늘 같은 오후는 휘청거리지 않지만요. 그때는 아침 일찍부터 생존 전선에 나섰다가 오후가 되면 모두가 다 휘청거리게 되어 있었습니다.

이 작품의 도입부에 이런 구절이 나옵니다. "불쌍한 녀석!" 어떤 중년 사내가 오랜만에 목욕하고 이발하고 나니 신수가 훤하고 혈색도 좋아요. 옷이 조금 허름하지만, 그래도 사람들이 기분 좋게 쳐다볼 정도예요. 그런데 무심코 양장점 쇼윈도에 보니까 누가 하나 불쌍한 놈이 있더라, 그게 누구냐면 바로 자기 자신이다. 이런 이야기지요. 딸이 셋이 있는데, 그중에서 하나가 선보는 자리에 가려고 나름대로 꾸민 거지요. 그런데 불쌍한 인간으로 보이더라는 겁니다. 산업사회에 횡행하는 물신주의의 경계, 이게 바로 『휘청거리는 오후』의 주제이지요. 제목 자체부터 저희 세대에게는 딱 맞아들었지요.

그리고 박 선생님의 작품은 대체로 중년 여성이 주인공이 되지요. 어머니 페미니즘의 공식이지요. 선생님께서 정착시켰는데요, 어느 평론가가 얘기했듯이 여기 나오는 어머니 화자는 굉장히 권위적이에요. 모든 것을 다 알고 있어서, 그 앞에서 거짓말할 수 없어요. 단정적이고 자신 있게 이야기합니다. 그 어머니는 텔레비전 보면서, 애들 간섭해가면서, 뜨개질하면서, 열 개 반찬 하나도 안 태우면서 하잖습니까? 어떤 어려움 앞에서도 흔들리지 않는 강한 의지와 함께 생활의 지식과 지혜가 준비되어 있는 어머니 페미니즘, 이것은 박완서 선생이 심고 뿌리를 내린 것입니다.

당시 저같이 어설픈 지식 청년이 갖고 있던 고정관념이 있었어요. 그중 하나가 이병주처럼 지식인 독자를 유념한 소설, 소위 지식인 소설이 아니면 소설의 정침正寢에 들어가지 못하는 통속소설이고 양자의 결합은 불가능하다는 것이었는데, 이런 고정관념을 깬 것도 박완서 선생님의 공로라고 생

●『휘청거리는 오후』와 세태소설

박완서의 장편 『휘청거리는 오후』(1976년 「동아일보」 연재, 1977년 창작과비평사에서 출판)는 결혼 문제를 중심으로 한 70년대 한국 사회의 한 풍속도이다. 이 점에서 이 작품은 이른바 세태소설이다.

세태소설이란 용어는 일반적으로 세태世態를 사진 찍듯이 그려보이는, 그렇기 때문에 현상만을 문제 삼을 뿐 그 현상의 안쪽에 숨어 현상들을 낳고 움직이는 저 깊은 본질에는 전혀 미치지 못하는 얕은 소설이며, 잡다한 현상들을 그냥 펼쳐놓았을 뿐인, 그러므로 체계적 질서 속에 엮이지 않고 저마다 겉도는 파편들의 엉성하고 무질서한 집적물에 지나지 않는 소설이라는 부정적인 함의를 더불고 있다. 거의 모든 문학사에는 1930년대에 생산된 박태원의 『천변풍경』이 이 같은 의미에서의 세태소설을 대표하는 작품이라 적혀 있다.

『휘청거리는 오후』는 70년대 한국 사회의 한 풍속도라는 점에서 세태소설이지만 이 같은 부정적 함의와는 거의 무관한 작품이다. 초희라는 결혼 적령기의 여성을 중심으로 욕망의 안쪽에 대한 깊은 탐구로써 세태소설 일반의 평면성을 넘어선 작품이다.

『휘청거리는 오후』는 우리를 지배하고 있는 욕망의 메커니즘을, 그것을 따라 영위되는 우리 삶의 허구성을 섬뜩하게 까발겨놓았다는 평가가 가능하다. 작가는 모두가 모방된 가짜 욕망으로부터 완전히는 자유롭지 않다는 준엄한 진단을 내렸다. 이런 점에서 이 작품은 완결무결한 긍정적 인물을 내세워 부정적인 대상의 문제점을 비판하는 납작한 이분법의 소설들과는 구별되는 차원을 확보하였다고 평가된다. (정호웅, 〈욕망의 안쪽〉, 『박완서 문학 길찾기』, 세계사, 2000, 225쪽.)

각합니다. 지식의 폭이 넓든 좁든 간에, 누구나 즐길 수 있고 누구나 공감할 수 있고 누구나 문제의식을 가질 수 있었다고 생각합니다. 이 세 가지 정도가 '아주 오래된 독자'의 관점에서 본 관찰입니다. 박 선생님 작품 중에서 『아주 오래된 농담』이라는 제목의 소설이 있습니다. 저는 개인적으로 아주 오래된 독자입니다. 데뷔작부터요. 그러나 성실하고 성의 있는 독자도 전문적인 독자도 아닙니다.

작가로서의 일생을 통틀어 볼 때 자신의 경륜과 시대의 변화에 맞춰서 적절한 역할을 하셨다고 생각합니다. 특히 근래에 들어와서 소위 '노년문학' 내지는 '노인문학'을 문학의 영역 속에 들여놨다고 봅니다. 요새 쓰신 『친절한 복희씨』를 포함해서요. 옛날 같으면 박 선생님은 벌써 은퇴하실 나이죠. 그렇지만 지금도 왕성하게 쓰고 계시지 않습니까. 이상이 별로 정교하지 못한 독자가 본 작가 박완서 선생님의 문학적 기여입니다.

다음으로 세 가지 질문을 드리고 싶은데, 첫 번째에 대해서는 선생님이 오늘 하신 말씀도 있으시고, 전에도 글을 많이 쓰신 주제입니다. 2000년에도 쓰셨죠. '복수로서의 글쓰기'입니다. '내가 이런 인간들을 소설 속에서 잡아야지, 나쁘게 만들어야지.' 하고 생각하신거 말입니다.

그런데 아까 말씀하시기를 어렸을 때 선생님 어머님께서 선생님이 변호사가 되었으면 좋겠다고 하셨다는데요, 변

● **강경애**姜敬愛, 1906~1943

일제강점기에 활동한 소설가. 우리나라 근대문학사에서 여성 작가로는 드물게 하층민의 입장을 자세히 그렸고, 사회의식을 바탕으로 민족·민중·여성의 해방을 동시에 추구했다고 평가받는다. 대표작인 장편 『인간문제』에서 당시 사회의 인간관계를 대담하게 다루며 노동자의 현실을 예리하게 파헤쳤다.

호사 안 되신 게 정말 다행입니다. (청중 웃음) 법률가는 사회에 창의적인 기여를 별로 못 합니다. 또 선생이 되려고 하셨다는데, 선생이라는 직업도 비슷해요. 그러나 문학의 힘은 엄청납니다. 세상을 움직입니다.

아까 말씀 중에 이미 약간의 답변이 나왔지만, 복수로서의 글쓰기가 최초의 동기였다가 나중에는 그걸 다 잊어버렸다고 하셨습니다. 그런데 선생님의 작품 속에 복수는 아니지만, 사상적 갈등으로 인한 피해자 이야기도 많이 나옵니다. 그러면 이제는 복수 대신 역사와 시대와의 화해인가요? 이게 첫 번째 질문입니다.

두 번째로는, 작가가 되기 전에 독자로 시작하셨죠. 왜 작품을 읽느냐. 즐거움을 얻기 위해서 작품을 읽느냐, 아니면 고통을 나누기 위해서 읽느냐 물을 때, 선생님은 강경애 소설가의 작품에서 접한 것처럼 고통을 느끼기 위해서 읽는 것이 본인의 성향에 맞다고 하셨습니다. 작가로서는 어느 쪽이신지요? 고통을 나누기 위해 쓰시는지, 아니면 즐거움을 나누기 위해 쓰시는지요? 『친절한 복희씨』를 보면 서문에 "웃을 일이 없어서 남을 웃기려고 한다."고 하셨는데, 그게 어떤 의미인지요?

　　마지막 질문입니다. 흔히 남자들 세계에서는 "쉰 살 넘어서 새로운 일을 시작하지 말라." 이런 말이 있습니다. 그러면 반드시 사고를 친다고요. (청중 웃음) 그런데 예외가 딱 하나 있답니다. 그게 뭐냐 하면 신앙입니다. 선생님의 경우는 쉰이 넘으셔서 신앙을 가지셨는데요. 개인적 생활은 선생님 자신의 몫이지만, 독실한 신앙인이 되신 게 작가로서의 자세나 역량, 이런 부분에 어떤 영향을 미쳤는지 듣고 싶습니다.

●박완서 : 나중 질문부터 대답할게요. 신앙을 갖기 전에도 그게 고민이었어요. 이를테면, 종교를 가지면 제대로 글을 못 쓴다고 옆에서들 그랬거든요. 그런데 제가 그때 종교를 가진다는 것은 그렇게 깊은 뜻도 없었고요, 그냥 늙어가는데 남편하고 저하고 다른 취미도 없고 그러니까 취미 삼아 종교를 가진 거예요. 취미로 종교를 가졌다고 하면 종교인한테 야단맞겠지만, 그냥 주일에 같이

성당에도 가면 좋을 것 같았고, 저는 그전부터 성경을 좋아했어요. 작가로서 그랬다기보다는 성경을 읽을 적에, 물론 구약에 찬성하는 부분도 별로 없고 그랬지만, 신약을 읽으면 아무데를 읽어도 그 그리스도라는 사나이가 괜찮아, 좋았다고 할까? (청중 웃음) 처음에는 우리나라에 기독교가 처음 들어왔을 때 어떻게 그렇게 많은 사람들이 순교를 했는지 잘 이해가 안 됐어요. 그중엔 무식한 사람들도 많았는데 뭘 알고 순교까지 했을까, 그런 의문까지 가졌었죠.

성경에 나오는 기초가 되는 단순한 사랑의 메시지에, 그냥 가난한 사람이나 박해받는 사람에 대한 깊은 애정, 이런 것이 있잖아요. 그것이 우리에겐 지금 보편화된 거지만 그 시대에 그럴 수 있었다는 것들, 또 여자에 대한 생각, 편견 없음, 이런 대목 대목이 아주 아름답게 느껴지고 그랬어요. 전 지금 천주교인데, 성당 말고 가까운 교회를 한번, 왜 늙으면 절에 가듯이 남편하고 같이 가봤습니다. 가봤는데 한번 그러니까, 거기 교인들이 집이 어디냐고 그러면서 따라오고 그래요. (청중 웃음) 난 누가 자기를 끌려고 그러면 너무 싫고 그러거든요. 또 우리가 유럽 같은 데 여행할 적에 미술관이나 그런 데서 많은 감동을 받고, 어떨 땐 숙연해지고, 전율이 오는 거 같은데, 그런 그림 중에는 성화가 많습니다. 명동성당이 멋있어 보여서 가보고 또 다른 성당도 가보고 그랬는데 아무도 따라오는 사람도 없고, 나오라 하지도 않고, 그게 그렇게 좋더라고요. 누가 권유해서 영세를 받는 게 아니라 자발적으로, 자유의사로 받는다고 생각하는 게 기분 좋더라고요.

그래도 저는 항상, 이걸 너무 열심히 하면 안 된다는 생각을 많이 했어요. 종교에 빠지면 글을 못 쓰니까. 나에게 신앙은 누가 열렬하게 날 끌면 싫은 것처럼, 그냥 다른 데 빠지는 것보다는 우아하게 늙을 수 있을 것 같아서 택한 것이었죠. 또 시어머님이 돌아가셨을 때 종교가 없으니까 재래식으로 장례를 치렀는데 내 자식들은 나를 그런 식으로 보내지 말았으면 싶더라고요. 마지막 길은 우아하고 엄숙하길 바랐나 봐요. 그러면서도 깊이 빠지면 안 된다고 생각한 게, 종교에 깊이 빠지면 글을 제대로 못 쓴다고, 종교와 문학은 상극한다고 생각했던 것 같아요. 그렇게도 생각할 수 있는 게, 종교는 순명이고 문학은 저항이라고 생각했거든요? 그런데 제가 결국은 합일점을 발견하게 됩니다.

결국은 좋은 문학도 우리 삶을 반성하게 하는 거라고 생각해요. 우리가 기도하는 것도 다른 걸 위해 기도하는 거 아닙니다. 결국은 반성하게 되는 거, 돌이켜보고 반성하게 되는 거에서 또 위안을 얻는 거죠. 문학과 종교가 반성하게 하고 위안을 주는 합일점을 찾고, 저는 종교를 가짐으로써 정신의 긴장이 해이해지지 않게 하면서 저 나름으로 합일점을 발견했다고 생각해요.

그리고 또 복수로서의 글쓰기를 안 하겠다고 그랬는

●박완서 문학을 읽는 다양한 시각들

지금까지 박완서 문학에 대한 비평적 관점은 대개 세 가지 유형으로 나눌 수 있다. 첫째는 작가가 한국의 근대화, 도시화, 공업화의 전개 과정이 인간과 부딪치면서 일으키는 마찰들 혹은 도시의 중류계층의 삶이 얼마나 허구에 차 있으며 소시민적 행복이라는 것이 얼마나 허망한 것인가 하는 점을 파헤쳐왔다는 관점이다.

두 번째는 여성문제라는 논의의 틀을 가지고 박완서의 문학을 이해하려는 관점으로 『살아 있는 날의 시작』이나 『서 있는 여자』 등 여성문제를 다룬 일련의 소설들을 둘러싸고 벌어진 논란이 대표적인 예이다. 초기엔 페미니즘적 문제의식으로 작품을 분석하고 평가하던 논의가 주를 이루다가 점차 작품 속에서 여성적 삶의 특성들이 작품의 서사구조와 작가가 세계를 인식하는 시선의 미세한 결들 속에서 어떻게 내면화된 방식으로 작용하고 있는가를 밝혀내려는 경향들도 나타났다.

세 번째는 작가의 소설에서 분단문제가 수용되는 양상에 주목하는 관점들이다. 이런 관점에서는 주로 전쟁체험이 작중인물들의 삶 속에 몰고 온 일상적 균열의 다양한 양상들을 분석하는 데 관심을 기울인다. 특히 철저하게 일상성에 토대를 둔 소설적 감각은 박완서의 문학이 지닌 리얼리즘적 특성의 근간을 이루는 요소이기도 하다. (박혜경, 『박완서의 「엄마의 말뚝」을 읽는다』, 열림원, 2003, 74~82쪽.)

데, 그러면 그건 화해냐 그렇게 물으신 거 같아요. 글쎄요. 복수. 원한을 풀기 위해서 문학을 해서는 안 된다고 생각해요. 문학이라는 것은, 세속적인 행복과는 다르지만, 우리 삶을 조금이라도 낫게 하는데 이바지해야 한다고 생각하는데, 문학의 능력 중의 하나는 남과 입장을 바꿔서 생각할 수 있는 능력이라고 생각해요. 사회 갈등이라든가 집안에서의 모든 갈등들에서 조금 마음을 열고 남의 생각을 엿보는 능력, 입장을 바꿔서 생각하는 능력은 문학을 하는 사람뿐 아니라 독자로서 얻을 수 있는 가장 큰 혜택이라고 생각해요.

그리고 고통에 대해서는 저 자신에게 위로받는 것도 많아요. 또 재미라는 거, 재미가 주는 위로도 많잖아요? 그렇지만 저도 그전에 선생이 되고 싶어 했고, 될 줄 알기도 했는데, 문학은 계도의 능력을 억압적이지 않게, 드러내놓지 않고 행사하는 게 아닌가 싶어요. 제가 선생이 되고 싶어 했던 게 문학에도 조금 들어가 있는 것 같아요. 문학을 통해 뭔가 설교를 하는 게 아닌가 싶을 때가 있어요. 제가 문학소녀일 적에 많은 영향을 받은, 제가 즐겨 읽었다기보다는 우리 오빠가 살 만해지면서 나한테 선물해준 톨스토이 전집이 있어요. 그건 지금도 집에 간직하고 있습니다. 톨스토이 문학엔 참 사실적이면서 어딘지 기독교적인 설교의 냄새가 있습니다. 그래서 사실 그게 제가 그렇게 좋아하는 게 아니면서도, 동시에 나에게도 있는 게 아닌가 싶어요. 그리고 제 첫 번째 창작집의 이름이 『부끄러움을 가르칩니다』예요. 나도 모르게 제목을 붙였지만, 문학을 통해서 뭘 가르치려는 것도 엿보이고 그렇습니다.

●방민호(서울대 국어국문학과 교수) : 예, 선생님 안녕하셨습니까? 제가 국문과를 대표해서 선배님을 환영합니다. 저는 선생님 댁이 어딘지 알고 있는데, 이 자리에서 동네가 어딘지 말씀드렸다가 다 쫓아가면 어떻게 하죠? (웃음) 제가 두 번 찾아뵈었어요. 두 번 다 인터뷰를 하기 위해서 갔는데, 한 번은 2007년에 비평가들이 뽑은 가장 좋은 단편소설에 『친절한 복희씨』가 뽑혀서 그때 인터뷰를 갔었습니다. 또 한 번은 부끄럽게도 중학교 교과서를 만드느라고, 박완서 선생님을 이 기회에 중학교 학생들에게 더 친절하게 소개하면 좋겠다고 생각해서 갔었습니다. 선생님은 볼 때마다 친절하게 맞아주셨습니다.

특히 기억에 남는 게, 선생님 댁 실내에 양란이 피어 있었는데 꽃들이 아주 아름답게 잘 피어 있었어요. 그때 선생님께서 "이 꽃들이 그렇게 극성스럽게 핀다."고 그러셨는데, 그 반어법에서 '굉장히 꽃을 사랑하시는구나.' 그런 생각이 들었습니다. 제 연구실에도 화분이 몇 개 있습니다만 화분이 들어오는 족족 사망해서 나가버리는데, (청중 웃음) 선생님 댁에서는 잘 피는 걸로 봐서, 선생님 성품이 꽃하고 역시 잘 어울리시는구나, 따뜻하시구나, 이렇게 생각했습니다.

또 선생님 하면 떠오르는 게, 선생님께서는 낮은 사람들, 어떻게 보면 평범한 사람들하고 격의 없이 잘 어울려주십니다. 후배 작가들 중에 서울대 인문대 철학과 출신 김영현 작가라든지, 이경자 작가라든지, 그 외에도 더 어린 작가들이 선생님 댁을 편하게 찾아뵙기도 하고, 세배도 드리고 그러죠. 격의 없이 소박하게 사람들을 맞아주시는 그런 분으로 선생님을 알고 있습니다.

문학 쪽으로 조금 더 들어가보면 선생님 문학이 아주 박진감도 있고, 현장감도 있고, 실감이 납니다. 우리가 살아온 시대에 대해서 어떤 증언적인 힘을 갖춘 문학이라고 생각이 되고, 또 사람들의 삶을 정신의 측면에서뿐만 아니라 육체나 물질적인 측면에서도 입체적으로 또 실질적으로 바라볼 수 있게 하는 그런 힘을 가진 문학이라고 늘 생각을 해왔습니다.

그런데 올해를 비롯해 최근 우리 문단이 상당히 귀한 분들을 잃어버렸다고 생각이 되요. 박경리 선생께서 타계하셨고, 이청준 선생께서도 타계하셨습니다. 저는 어떻게 인터뷰가 전문인지 두 분 다 인터뷰를 했던 적이 있는데, 박경리 선생 돌아가시기 불과 두 달 전쯤인가 찾아뵈었을 때, 어떠시냐고 건강하시냐고 여쭸더니 "요즘 몸이 좀 안 좋다. 회를 먹었는데, 그게 좀 배탈이 나서 식중독 기운이 있어서 병원에 다닌

다."고 거짓말을 하셨어요. 그런데 나중에 알고 봤더니 암이 셨어요. 폐암이셨는데, 돌아가시기는 다른 증상으로 급작스럽게 돌아가시게 되셨지요. 이청준 선생님도 인터뷰하는데 담배를 너무 많이 피우셔서 적당히 태우셔야 되지 않느냐고 그랬더니 "아, 요즘 당뇨가 있어서 그렇지 괜찮다."고 그러시더니 역시 폐암으로 돌아가셔서 굉장히 마음이 아팠습니다.

저는 박완서 선생님 오신다고 그래서 아주 반가운 마음과 더불어서 이렇게 연배 있으신 분들이 여러 분 타계하시고, 그럼으로 인해서 선생님의 문단에서의 위치가 더욱더 높아졌고, 그만큼 더 고독해졌다는 생각이 들었어요. 문단이라는 데가 말도 많고 시끄럽기도 하고, 또 사회적 발언도 해야 되고, 이런 여러 가지 일을 갖고 있는데, 선생님께서 가지신 해내셔야 할 몫이 어려운 상황이 되었다 그런 생각이 들었습니다.

그래서 저는 선생님께서 늘 증언해오신 시선으로 보는 우리들의 삶이 지금 어떤지, 우리들이 이 삶의 가치를 어디에 두는지, 또 행복을 어디에 두는지, 어떻게 살아야 되는지, 또 작가는 어떤 걸 문제로 삼거나 써야 하는지, 이런 것들에 대해서 어렵고도 고독한 위치에 계시게 된 선생님께 한번 질문을 드려볼까 합니다.

● 박완서 : 아까 말씀하신 두 분 잃은 건요. 저에게도 너무 큰 상실이었습니다. 허전해서 죽겠어요. 윗사람이 있어야 되는

까닭은, 우리가 붕 뜨지 않기 위해서 누르는 힘이 위에서 있어야 한다는 거겠죠. 그런데 박경리 선생님 돌아가시고 나서 그런 힘이 없어진 것 같은 느낌이 들어요. 그리고 윗사람이 없다는 허전함은요, 우선 이청준 선생 같은 분은 저보다 어립니다. 그래도 제가 문학주부라고 할까, 문학소녀는 벗어났을 때부터 참 그분을 좋아했어요. 같이 동인문학상 심사 같은 일을 몇 년간 같이 할 기회도 있었고. 그럴 때 '아, 정말 좋은 분이구나.' 싶었어요. 그래서 항상 마음으로는 저보다 어른 대하듯 어려워했습니다. 진정한 점잖음, 품격 같은 걸 가진 분이었는데요. 사회참여적인 발언을 할 때도, 당신의 점잖음을 벗어나는 일이 없어서, 그야말로 넌지시 말하는 이런 거는 정말 본받을 만했습니다.

그리고 박경리 선생님은 돌아가실 때까지 지켜보면서 제가 장례위원장이란 걸 다 해봤습니다. 저한테 그 부탁이 왔을 때 그분에 대한 존경심과 애통해하는 마음 때문에 망설이지 않았습니다.

또 두 분 다 폐암이었고, 저도 남편을 폐암으로 잃었어요. 우리 남편만 해도 골초였는데 폐암이란 걸 알고 그 자리에서 그때부터 그걸 딱 끊더라고요. 그리고 열심히 끝까지 투병하다가 갔고. 그런데 이청준 선생님은 어떻게 투병하셨는지 잘 모르겠고, 박경리 선생님은 폐암이란 진단을 받고 참

❝

문학 쪽으로 조금 더 들어가보면 선생님 문학이
아주 박진감도 있고, 현장감도 있고, 실감이 납니다.
우리가 살아온 시대에 대해서 어떤 증언적인
힘을 갖춘 문학이라고 생각이 되고,
또 사람들의 삶을 정신의 측면에서뿐만 아니라
육체나 물질적인 측면에서도 입체적으로
또 실질적으로 바라볼 수 있게 하는 그런 힘을 가진
문학이라고 늘 생각을 해왔습니다.

방민호 교수

❞

단시일 내에 돌아가셨지요. 폐암으로 진단받은 것을 우린 따님을 통해 금세 알았지만 외부에 알려지는 걸 극구 말리셨다고 해서, 뵈러 가서도 문병 온 것처럼 하지 않고 그냥 놀러온 것처럼 했는데, 그냥 담배를 피우시더라고요. 담배 좀 끊으시라고 그랬는데도 더 유유히. 폐암이 믿기지 않았어요. 그래도 그전에 가 뵙던 거보다 더 자주 가 뵈었어요. 자주 뵐 때도 여전히 피우시고 그래서, 참, 저렇게 끊지 않고 그냥 있는 것도 괜찮다 싶을 정도로. (청중 웃음) 또 어디 가서 잡수는 것도 똑같이 잡숫고. 또 그걸로 돌아가신 게 아니라 뇌졸중이 와서 입원하시고 즉시 정신을 잃고. 그래서 저는 여러 가지로 그분의 사는 방법뿐 아니라 죽음에 임하는 자세에 있어서도 남이 흉내 못 낼 대범함, 대단함이 있다고 생각해요.

저는 그때 임종도 지켰어요. 그러면서 속으로 기도했어요, 나도 이렇게 죽게 해달라고. (웃음) 그냥 평소의 살던 생활 태도를 조금도 안 바꾸고 입원했을 때는 벌써 정신을 잃으셔서 몰랐었지, 그러니 고통도 안 받고 그냥 돌아가신 거예요. 저게 무슨 복인가, 그 복을 나눠달라 하고 싶은 그런 마음이 나더라고요.

어떻게 사는 게 가장 옳은가, 이건 뭐 그분이 항상 개탄하시던 게, 항상 농업처럼 우리에게 이자를 많이 붙여서 돌려주는 건 없다고 하셨어요. 무역이고 뭐고 다 소용없다고. 그런 것이 저도 많이 입력이 되어서 그런지 모든 번영, 특히 요즘의 급속한 변영을 볼 적에도 그런 생각이 들어요.

제가 사는 거리상, 강변북로를 통해서 집에 가는 일이 많아요. 강변북로에서 한강변의 아파트, 또 여러 다리의 휘황한 거, 차, 밀릴 때 그 차들의 어마어마한 불빛들을 볼 적에, 그것이 현실 같지 않고 헛것 같아요.

저는 농경민의 자손이거든요. 그래서 그런지 그것이 현실 같지 않고 내가 환상을 보는 게 아닌가, 그런 생각이 얼핏얼핏 들어요. 여러분도 보셨을 줄 알지만, 라스베이거스에 가보면 정말 이 세상 같지 않게 휘황찬란하고, 길 위에 하늘까지 인공으로 만들어놓았지만 낮에 그 모든 조명이 꺼진 외관을 보면 끔찍할 정도로 삭막하듯이 말이죠.

"땅을 살리자, 농업을 살리자." 지금 이것이 먹혀들어 갈 일이 아니더라도, 땅의 마음을 잃는다는 것, 농경민의 마음의 고향 같은 것을 잃는다는 것이 가장 두렵게 느껴져요. 우리만 해도 농경민의 자손이기 때문에, 또 여기 오신 어른들 대부분이 그렇듯 서울에 어렵게 유학 온 농민의 자손들이기 때문에 우리 근본 중엔 그런 마음이 있습니다.

우리가 딛고 사는 땅에 대한 마음. 하늘을 두려워하는 마음. 땅을 딛고 섰을 때의 친근감과 고마움. 아까 화초를 잘 가꾼다고 그랬지만, 저도 조그만 마당을 갖고 있는데 그냥 놔둬도 뭐든지 잘 자라요. 겉으로 보면 화초만 있는 것 같은데, 그 뒤로 가면 머위도 나고 들깨 같은 것도 자라고. 우리가 먹고 딸들한테 실컷 줄 만큼, 제가 열심히 농사 안 지어도 그냥 그런 것들을 나한테 주는 흙이 고마울 뿐이죠.

그래서 너무 많이 땅이 포장되고 뭔가로 장식되고 그러면, 저 밑에서 얼마나 많은 생명들이 자라지 못할까 싶죠. 그리고 흙이라는 것은 두렵기도 해요. 우리 집에 올라가는 돌계단이 있는데, 10년 넘으니까 돌 사이가 벌어지고 그 사이에 먼지 같은 흙이 끼어가지고 거기서도 풀이나요. 꽃 피는 풀까지 나고, 흙이 돌을 움직여서 돌 사이가 더 벌어지더라고요. 이런 자연의 본질적인 힘을 우리가 망각하는 게 아닌가 두렵고 그렇습니다.

박경리 선생님에게 배운 바도 많고요, 저도 사실 씨를 뿌려보면 어떻게 그렇게 나오는 것이 많은지 몰라요. 어떨 때는 흙이 조금만 있어도 너무 많이 나와서 이건 흙 자체가 씨가 아닌가, 흙 알맹이 하나하나가 씨가 아닌가, 그런 생각을 합니다.

●민은경(서울대 영어영문학과 교수) : 오늘 선생님을 이렇게 뵙게 되어 아주 기쁜데요, 그러면서도 마음 한구석에 쑥스러움이 있습니다. 어릴 때부터 해외에서 지낸 시간이 많았고, 그래서 아직도 우리말에 완전한 자신감이 부족하다 느끼기 때문이 아닐까 싶습니다. 한국

에서 10년이 넘게 가르쳤는데도 아직 그렇습니다. 그러다 보니 우리 문단의 큰 작가이신 선생님 앞에서 부끄러움을 느끼는 것이지요. 그럼에도 이 자리에 초대받았을 때 나가겠다 했던 이유는 그저 선생님을 뵙고 싶다는 마음 때문이었습니다.

박완서 선생님의 글을 언제 처음 읽었는지 기억이 정확히 나지 않지만, 대학 때부터는 자주 읽었던 것 같아요. 저는 대학을 미국에서 다녔는데, 방학에 집에 오면 선생님의 책이 늘 있었습니다. 그때부터 읽기 시작했고, 저는 특히 선생님의 수필을 좋아했어요. 『나는 왜 작은 일에만 분개하는가』를 읽고 나서 충격을 받은 기억이 납니다. 제목부터 충격이었어요. 나를 모르는 분이 어떻게 내 얘기를 저렇게 하고 계실까 싶었지요. 박완서 선생님의 글을 읽으면 저는 늘 선생님께서 제 속을 이미 훤히 들여다보시고 숨겨놓고 싶었던 것을 꼭꼭 집어내고 계시다는 괴로운 느낌을 가지게 됩니다. 더 들키기 전에 책을 덮어두고 싶은 느낌. 그렇지만 선생님의 글은 감미로운 데가 있어서 읽기 시작하면 끝까지 읽지 않고는 못 배기지요. 이러한 이끌림과 난처함이 선생님의 글을 읽을 때 동시에 느끼게 되는 두 가지 감정입니다.

선생님의 글 중에는 부끄러움을 소재로 한 글들이 많습니다. 선생님의 자전소설 『그 많던 싱아는 누가 다 먹었을까』와 『그 산이 정말 거기 있었을까』에서 선생님은 주인공의 성장기를 수치, 열등감, 부끄러움의 감정을 통해서 그리고 계십니다. 예를 들어, 고향 박적골을 떠난 주인공이 도시에서 어머님과 생활하면서 일본 학교를 다니다가 고향 방향으로 수학여행을 떠나게 되는데요, 사랑하는 할머니가 기차역에 나타나셔서 "무법자처럼 아이들 사이를 마구 헤집고 다니면서" 주인공 이름을 크게 부르자 주인공은 "어찌나 창피한지 잠시 꺼질 수 있는 거라면 꺼지고 싶었다."라고 말합니다. 이러한 어린이다운 창피에서 시작하여 선생님께서는 전쟁이 안겨준 절대적 무력감을 "우리의 기나긴 여독旅毒의 끝이 무엇인지 한 치 앞을 예측할 수 없음이 안타깝고 모욕스러워 간이 졸아붙는 것 같았다."라고 표현을 하시기도 하지요. 부끄러움은 이렇게 해서 모순되고 이중적인 욕망의 자기 성찰적 반사 내지는 굴절과 연결이 됩니다.

선생님께서는 '더럽고 잔혹한 시대'를 견디기 위해 '복수심과 증오'의 마음가짐으로 소설을 쓰기 시작하셨다고 하셨습니다. '이야기가 지닌 위안과 치유의 능력'에 대한 믿음이 없었다면 불가능한 작업이었을 것이라고 말씀하셨고요. 시간 속에서 '증오'가 '증언'으로 바뀌었다고도 말씀하셨습니다. 저는 선생님의 모든 증언이 감동적이고 충격적인 이유가, 선생님의 말씀대로 그 증언에 '인간이기에 인간 같지 않은 인간과 그런 인간을 만들어낸 시대상'에 대한 고발이 담겨 있기 때문이라고 생각합니다. 그러나 선생님의 증언 속에 가차 없는 자기 고발이 동시에 담겨 있지 않았더라면 선생님의 글을 읽고 저희가 이렇게 부끄러움을 느끼지 못했을 것이라 생각합니다. 시대를 용서하지 않으셨듯이 선생님은 자신을 가벼이 용서하지 못하시고 소설 속에서 호되게 해부해놓지 않으셨습니까.

선생님의 글을 읽으면서 깜짝깜짝 놀랄 때가 있는데요, 선생님의 표현들이 너무나 생생해서 그렇습니다. 제가 특히 깜짝 놀라는 대목들은 여성의 삶하고 관계된 부분입니다. 가령, 『부처님의 근처』의 화자가 '처자식만 아는 남편, 많은 아이들'에도 불구하고 "나는 행복하지 않았다. 사는 게 매가리가 없고 시들시들하고 구질구질하고 답답하고 넌더리가 났다." 하고 이야기하면 너무 깜짝 놀랍니다. (청중 웃음) 또 『집 보기는 그렇게 끝났다』에서 화자인 아내가 남편이 심문받느라 연행되어 집을 비운 사이, 집의 '점잖고 화평한 겉껍질'을 찢어내며 더 이상 포장된 삶이 아닌, 남편과 '처음으로 갈등'히는 새 삶을 찾았음에 '진짜 살맛' 난다고 이야기 할 때 깜짝 놀랍니다. (청중 웃음) 『그 산이 정말 거기 있었을까』에 나오는 유명한 구절인데요, 어머니에 대한 짧은 구절이죠. "아아, 지겨운 엄마, 영원한 악몽." 이 대목을 읽으면서 또 깜짝 놀랍니다. (청중 웃음)

선생님의 소설에 등장하는 여성들은 이렇게 복잡한 존재들입니다. 때 묻고 불완전한 존재들입니다. 맑은 인물들이 아니고 혼탁하고 처절합니다. 꼭 저 같습니다. (웃음) 한국 여성으로서 살아간다는 것이 무엇인가. 이걸 가지고 하루하루 고민하고 갈등하며 살아가는 사람으로서, 저는 이 시대에, 이 나라에서 여성들이 살아온 자취를 선생님만큼 실감나게 그려내는 분이 또 어디 계실까 생각을 해봅니다.

선생님의 자전소설에 나오는 6.25와 관련된 한국사는 저에게는 경험하지 못한, 어쩌면 넘어설 수 없는 벽같이 느껴지기도 해서 가깝지만 동시에 멀게 느껴지는데, 반면에 선생님 소설에 등장하는 중산층 여성 인물들은 굉장히 친숙하고 낯익고 다가서기가 쉬운 것 같습니다. 그 여성들의 이야기를 따라가면서 한국 여성으로서 일상적으로 느끼는 답답함, 화, 갈증, 이런 것들이 위안을 많이 받는 것을 느끼고요, 저 자신의 평범함에 대해서 놀라게 되고, 또 평범한 삶 속에 녹아든 한국 역사의 고단한 무게를 느끼게 됩니다.

저는 30대에 한국에 돌아왔는데, 특히 20대에는 한국에 돌아오기가 참 무서웠습니다. 저는 한국에 돌아오면 제 자아가 없어질 것 같은 공포를 한때 느꼈습니다. 젊은 한국 여성들이 흔히 느끼는 감정이 아닐까 싶은데, 특히 외국에 오래 살다 보면 느끼게 되는 감정인 것 같아요. 그때는 한국이 너무나 무서웠어요. 이 무서운 곳으로 들어와서 이제 꽤 오래 살았는데, 선생님의 글을 읽으면서 용기도 많이 얻게 되었고, 또 스스로 반성을 많이 하게 된 것 같습니다.

끝으로 선생님께 부럽다는 말씀을 드리고 싶습니다.

> 선생님의 글을 읽으면 저는 늘 선생님께서 제 속을 이미 훤히 들여다보시고 숨겨놓고 싶었던 것을 꼭꼭 집어내고 계시다는 괴로운 느낌을 가지게 됩니다. 더 들키기 전에 책을 덮어두고 싶은 느낌. 그렇지만 선생님의 글은 감미로운 데가 있어서 읽기 시작하면 끝까지 읽지 않고는 못 배기지요.
>
> 민은경 교수

2000년 서울 국제문학포럼에서 발표하신 〈내 안의 언어 사대주의〉라는 글에서 이런 말씀을 하고 계시더라고요. "이 조그만 나라의 일억도 안 되는 인구가 쓰는 언어는 어차피 변방의 언어다." 이렇게 말씀을 하시면서 "모국어야 너는 얼마나 작으냐? 작지만 얼마나 예쁘고 오묘한지 알기 때문에 더 이상 작아지는 건 차마 못 보겠다. (……) 말은 이 나라를 지키는 마지막 주인이고, 작가는 그 말의 신봉자이니 작가야말로 이 나라의 진정한 주인이 아니겠는가. (……) 나는 모국어 안에서만 비로소 자유로울 수 있다. 그게 내 한계이자 정체성이다." 저는 한때 모국어, 어머니, 고국, 이런 모든 것들로부터 도망치고 싶었고, 이런 것들의 무게에 질식해서 죽을 것 같았던 때가 있습니다. 도망치고 자유로워지고 싶었던 그런 때가 있었던 거죠. 모국어 안에서 자유로울 수 있는 선생님의 모습은 참으로 아름답습니다.

마지막으로 질문을 드리자면, 제 경험 때문이겠지만 저는 선생님 작품 중에서도 특히 한미 관계를 다루는 작품에 관심이 가게 됩니다. 선생님의 단편 『쥬디 할머니』나 『이별의 김포공항』과 같은 작품에는 미국으로 갈 준비를 하고 있거나, 미국에서 살다 온 행세를 하는 주인공들이 등장합니다. 그렇지만 미국 사람들이나 미국을 본격적으로 묘사를 하시는 것은 아니어서, 아까 PX 말씀도 하셨는데, 선생님이 생각하시는 미국은 어떤 나라인지 궁금합니다.

●박완서 : 먼저, 말씀하신 것 중에 『나는 왜 작은 일에만 분개하는가』, 이게 제목이 좋다고 그러셨는데, 그건 김수영의 시에서 빌려온 거예요. 그리고 "모국어야 얼마나 작으냐." 이것도 김수영 시에 그런 표현이 있어요. 어떤 시 같은 걸 읽다 보면, 짧지만 깊고 광범위하게 마음을 건드리는 그런 것이 있습니다.

    미국에 대한 저의 생각에 대해서라면, 『그 남자네 집』이라고 제가 최근에 쓴 장편이 있습니다. 그런데 다른 사람들은 그냥 다 넘기는데 나는 어떤 인터뷰에서 내가 가장 하고 싶었던 이야기의 핵심은 여기에 있다고 얘기한 부분이 있습니다. 거기 나오는 춘희라는 사람이 있는데, 그 시절에 소위 양공주라고 불리는 사람들의 생활을 내가 PX 생활 때문에 많이 압니다.

    그 여자가 자기가 어떻게든 미국에 가려고, 흑인하고 결혼해서 미국 가서 사는 것으로 나와요. 그 시대에도 양갓집 자녀라고 그래서 양공주가 안 되는 게 아니고, 최소한도의 먹을 것과 보호막이 있을 적에는 그렇게 안 되는데, 먹을 게 없을 때, 자기가 대가족의 가장이 되었는데 먹여 살릴 방법이 그 길밖에 없을 때 그렇게 되는 경우가 있어요. 그런 이야기를 넋두리하는 부분이 있는데요.

    소설 속에서 춘희가 전화로 언니에게 '양키'들의 좋

은 점, 나쁜 점을 이야기하죠. 그리고 자기가 동생들을 다 미국 데려다 공부시킨 얘기도요. 한국전쟁 직후 초기의 유학생들은 그런 경우가 많았습니다. 춘희는 가족을 다 데리고 가서 거기서 나름대로 성공시켰다고 생각하는데, 자기는 흑인하고 결혼했다고 지금은 따돌림을 받고 사는 서러움을 호소하죠.

춘희는 한국전쟁 때 아버지가 미군 폭격으로 죽어요. 그래서 자기가 가장이 된 거죠. 한국전쟁 땐 미국이 구세주였다가 원수였다가 하죠. 그런 이중적인 생각은 지금까지도 남아 있는 것 같아요. 미국이 어떻게 저럴 수가 있을까 싶은 것이 바로 무차별 폭격과 양민들이 당했던 기총소사機銃掃射라는 거였어요. 당해보지 않으면 모르죠. 식량 구하러 갔다가 길바닥에서 죽고 그러면 원한 맺히는 거죠. 그러나 그것보다 더 무서운 게 인민군 치하의 학정虐政이었죠. 하루하루가 사는 게 사는 게 아니었으니까요. 그러면 또 미군 비행기만 봐도 반갑고 희망이 생기고. 폭격과 함포사격 소리가 극에 달하고 나서야 서울이 인민군 치하에서 벗어날 수 있었으니까요. 그때 인천 상륙에 성공한 연합군 반긴 건 말도 못합니다.

그래서 그런지 지금 아무것도 겪어보지 않은 세대들이 너무 반미 감정 내세우는 것도 꼴 보기 싫고, 보수적인 구세대들의 친미 일변도도 싫고 그래요. 맥아더 장군 동상을 어쩌고 하는 극단적인 반미 행동을 보면, 그때 우리가 얼마나 인천 상륙을 기다렸던가, 만일 그 작전이 성공 못 했다면 지금

우린 어떻게 됐을까, 착잡해지곤 합니다.

그때 춘희라는 애가 하는 말로, "내 아버지가 미군 기총소사로 죽고 나서 내가 가장이 되고 나서 벌어먹을 수 있는 방법은 흑인 놈한테 내 가랑이 벌리는 것밖에 없었다." 이런 넋두리가 나옵니다. 미국으로 가서도 또 자기는 거기서 이혼하고, 거기서 난 자식들도 혼혈이고. 동생들은 다 끌어다가 성장시켰지만 동생들도 다 자기를 부끄러워하고. 그런데 그 동생의 딸 중의 하나가 이모를 이해하고 박사 논문을 쓰는 모습이 나와요.

동생의 딸이 이모의 삶을 주제로 해서 한국전쟁 후의 양공주들이 외화를 벌어들이는 게 당시 한국에서 달러가 귀할 때 초기 경제성장을 이루는데 얼마만큼의 비율을 차지했는지를 연구한 대학생으로 나옵니다. 그러니까 자기 딸은 아닌데, 동생의 딸이 그렇게 나와요. 그래서 그걸로 '날 알아주는 애도 있구나.' 위안 받고, '미국에서는 그런 것을 연구하기도 하는구나.' 하면서 학문의 자유연구에 대해 부러워하기도 하는 대목이 나옵니다. 그것이 그 책의 핵심이라고 어디서 얘길 했어요. 나의 미국관, 미국에 대한 생각이 이런 부분에 다 집약되어 있다고 봐요.

그리고 아까 제가 "아아, 지겨운 엄마."라고 했다고 그러셨지요. 사실 엄마를 지겨워한 적도 많은데, 엄마가 지겨워지는 건 자식에게 너무 많이 잘해줄 때 같아요. (청중 웃음)

내가 결혼해서 잘 살면서도, 우리 엄마가 딸이 결혼해서 이렇게 평범하게 살라고 그렇게 극성스럽게 날 교육시켰나, 시골에서 날 빼내 오고 그랬는가? 그런 생각을 하면 고마우면서도, 부담이 되는 건 지겹잖아요. 처음 소설을 쓸 적에 '내가 쓴 게 당선이 되면 엄마가 즐거워하겠지.' 그런 생각이 힘이 된 것도 사실이에요. 이를테면 '뒷바라지 많이 한 엄마를 위해서라도 대학에 붙었으면 좋겠다.' 이런 것과 마찬가지로요.

그런데 어휴, 별수 없는 지겨운 엄마라고 생각한 데는 이런 일화도 있어요. 『휘청거리는 오후』를 「동아일보」에 연재하고 나서 그때로서는 아주 성공을 거두었습니다. 그리고 나서 신문기자, 아마 「동아일보」 기자인데 우리 어머니를 인터뷰하겠다고 왔어요. 우리 어머니는 손자들하고 화곡동에 사실 때라 그리로 오라고 했죠. 어머니가 마당을 예쁘게 가꾸고 사시니까 어머니 사시는 데도 자랑하고 싶어서 갔어요. 기자가 어머니한테, "따님이 쓴 소설 읽어보셨나요?" 하니까 우리 어머니 대답이 "네, 읽지요." 그러면 좋잖아요? 그런데 참 우리 어머니 이상하셔. "네, 나도 「동아일보」 보니까요." 하고 짧게 대답하시는 게, 마치 「동아일보」를 보니까 할 수 없이 읽었다는 투였어요. (청중 웃음) 다음 질문 "어떻게 생각하세요? 재미있게 읽으셨어요?" 하니까, "아니 그것도 소설이라고 썼는지요." 그러더라고. (청중 웃음) 나는 그때 참 상처 받았어요. 그래서 우리 어머니가 우리 집에 와계시고 할 때 여

기저기 꽂혀 있는 제 책을 제목이 안 보이게 거꾸로 꽂아놓곤 했어요. 보시고 읽을까 봐. (청중 웃음)

● **여정성(사회자)** : 이제 청중의 질문을 받겠습니다. 시간이 많이 흘러 세 분 정도에게만 질문을 받으면 좋겠습니다.

● **청중 1** : 오늘 좋은 말씀 많이 들어서 감사하고요. 아까 "문학은 저항이다."라고 말씀을 하셨어요. 그런데 문학의 역사를 살펴보면 저항의 표현 수단으로써 근대 문학의 혁명기인 르네상스 작가들도 시를 방법으로 선택한 경우가 많은데요. 고인이 되신 박경리 선생님 유고 시 작품들도 읽히고 있고 많은 사람들한테 큰 선물이 됐습니다. 혹시 선생님께서는 본인 스스로 아까도 소설 쓰는 사람이라고 소개하셨지만, 시를 쓰시거나 쓰고 싶으셨던 적이 있는지 궁금합니다.

● **박완서** : 소설은 제가 많이 썼고 또 친구나 자식들도 많으니까 아낌없이 나누고 또 동네 도서실 같은 데 기증도 하고 그러는데, 저는 참 시를 좋아하고 시집은 대개 얇으

니까 그런지 시집은 아무도 안 주고 간직하고 아낍니다. 간간히 펴보고 감동하고 자극받을 적도 있고, 작은 한 줄에서 영감을 얻는 일도 있고 그래요. 저는 소설도 쓰고 산문도 많이 썼어요. 그렇지만 시는 아끼고 우러르는 마음이 강해서 그런지 한 번도 그 분야를 넘보지는 않았습니다. 허나 시에서 알게 모르게 영향을 받은 것이 많다고 생각하고 있고 그 점을 아주 고맙게 생각하고요.

저는 요새 사람들이 사전을 참 안 찾는 걸 이상하게 생각할 정도로, 조금이라도 이상한 말을 쓸까 봐 '이것이 사전에 있는 말인가?' '내가 생각하는 뜻과 맞나?' 고민합니다. 또 남의 글을 읽을 때도 잘 모르겠다 싶은 낱말은 사전에서 찾아봅니다. 옛날에 쓰던 사전이 너덜너덜해져서 새로 장만할 정도로 사전을 많이 봅니다. 그런데 사전처럼 보는 게 또 시입니다. 그러니까 시는 안 쓰더라도 시적인 언어를 쓰고 싶습니다. 그래서 시를 많이 보고, 또 시에는 단지 영감뿐 아니라 막힌 말문을 터주는 그런 게 있는 거 같아요. 뭐가 막혔을 때 시를 여기저기 뒤적이면, 특히 내가 좋아하는 시인의 시를 본다든가 그러면, 거기서 뭐 하나 따오지 않더라도 막혔던 느낌이 터지는 경우도 있고, 또 가던 길을 더 좋은 길로 택할 수 있는, 황량한 길에서 좀 더 뭐가 있는 길로 갈 수도 있고 그래요. 제 문학을 리얼리즘 문학이라고들 그리고 저도 철저한 리얼리즘 작가라고 생각합니다. 리얼리즘 작가로서의 드라이한 면을

> ### ●리얼리즘 realism 문학
>
> 자연이나 현실 생활을 정확하고 자세하게, 꾸밈없이 묘사하는 예술적 경향. 19세기 중엽 프랑스에서 최초로 미학적 계획으로서 의도되었다. 1850~1880년에 프랑스의 소설과 회화 분야에서 주류를 형성했다. 리얼리즘의 주창자들은 아카데미의 고전주의와 낭만주의에 깃든 인위성을 거부하고 사람들에게 감명을 주는 예술을 위해서는 동시대 의식이 필요하다고 생각했다. 이에 따라 평범하고 꾸밈없는 사람들의 삶과 모습, 그리고 그들의 문제와 관습 및 도덕관을 묘사하려고 애썼다.
>
> 한국에서는 신소설이 등장한 1900년대 중반 이후 본격적으로 나타났으나, 본격적으로 발전하기 시작한 것은 1920년대부터이다. 염상섭의 『만세전』, 현진건의 『운수 좋은 날』, 나도향의 『벙어리 삼룡이』 등은 이 당시의 주목할 만한 성과라 할 수 있다. 이후 1923년을 전후하여서는 사회적 생산 관계와 계급 대립의 측면에서 현실을 바라보려는 움직임이 나타났다. 한설야의 『황혼』, 채만식의 『태평천하』, 이태준의 『농군』 등이 이 시기의 리얼리즘 문학에 해당한다.

시적인 언어로 조금 윤색하고 싶은 게 제 욕망입니다. 그게 더 독자에게 다가가기 쉽다고 생각합니다. 시는 내가 너무 좋아하고 또 많이 읽고 음미했기 때문에 감히 넘보려고 하지 않습니다.

●청중 2 : 제가 질문 드리고 싶은 것은 요즘 문학의 추세에 대

한 것입니다. 지금까지 1990년대 이전까지 박완서 선생님 같은 좋은 소설가분들이 리얼리즘, 현실적인 문제의식에 바탕을 둔 그런 무거운 주제가 깔려 있는 소설들을 많이 내놓으셨는데, 최근 소설들을 보면 그런 것이 별로 없습니다. 아까 말씀하셨듯이 문학에는 반성의 기능이 있는데, 그런 반성이 보이지 않는 가벼운 소설들이 많이 등장하고 있고요. 예술 전반에 걸쳐서 문제가 되고 있는 표절이라든가, 기존의 문학들을 너무 따라가기만 하고 문학의 가장 기본적인 몫이라고 할 수 있는 창조를 망각해가고 있는 요즘의 문학 추세에 대해 어떻게 생각하시는지요. 그리고 이런 사태를 타개하려면 젊은 작가들이 어떤 노력을 해야 하는지 질문드리고 싶습니다.

●박완서 : 저는 젊고 재능 있는 작가들이, 우리가 보기에 학력도 높고 이런 작가들이 문학을 하려고 하는 경우가 많은 것 자체가 희망적이라고 봐요. 문학이라는 게, 이름을 조금 낼 수 있는지 모르지만, 사실 이름도 요샌 제대로 안 나요. 너무나 많은 책이 쏟아져 나오고, 여기저기 등용문도 많고, 그런데도 문학을 그렇게 하려고 하는 거죠. 권력이라든가 재물과는 너무 관계가 먼 분야이고, 그렇다고 통속적인 인기도 얻기 쉽지 않은 부문인데, 참 많은 사람들이 신춘문예라든가 그런 곳에 지망한다는 게 너무 고

마워요. 그런 사람들이 그래도 그냥 하는 건 아니고, 뭔가 글을 읽었기 때문에 우선은 독자였을 것이라고 생각해요. 글을 읽고 재미를 느낀 것에서 시작했을 것이라고 생각을 하고, 될 수 있으면 애정을 갖고 읽으려고 그럽니다.

그리고 역시 제 생각으로는 그래도 양에서 질이 나오는 거 같아요. 보다 보면 아주 쌈빡하게 재미있는 것이 있어요. 우선 재미있어서 읽혀야 되요. 거기서 뭐 깊은 뜻이 없더라도, 우리가 처음 문학을 접하고 그 바닥에 발을 들여놓게 된 것은, 나도 뭐 엄마가 해준 재미있는 이야기에서 시작했듯이 그런 거죠. 저는 난해한 글을 쓰는 이제해 씨가 자기가 문학청년이었을 적에 제일 재미있게 읽은 글을 김내성의 『마인』이라고 쓴 걸 보고 그 사람의 정직성에 너무 감동했어요. (청중 웃음) 그렇게 해서 들어가는 거죠. 재미도 없고 뜻도 없이 쓰면 결국은 도태되고요. 그래도 그건 자기 위안이라도 됐을 겁니다. (웃음) 어느 분야든지 그렇잖아요? 요새 뭐 연기자가 된다든가, 가수가 된다든가 이런 분야도 마찬가지죠.

그런 것처럼 거기서도 빛나는 작가가 그 안에 있어요. 그러면서 명맥이 이어지는 거죠. 저도 요새 어떤 문예지에서 주관하는 문학상 심사를 하면서, 예선을 거친 건데 전혀 이름도 모르고 나한테 책을 보내준 일도 없는 작가가 우리 사회의 파편화현상, 가족이라든가 공동체가 무너지면서 느끼는 소외의 문제를 너무 잘 다룬 것을 보고 심사한 보람을 느낀 적이

> ● **김내성**金來成, 1909~1957
>
>
>
> 해방 전후로 폭넓은 활동을 한 소설가. 호는 아인雅人이며 평남 대동에서 출생해 일본에서 독문과를 졸업했다. 1930년대부터 『가상인』, 『마인』, 『살인예술가』 등으로 탐정소설 작가로서 독보적인 활동을 보였다. 광복 후에는 주로 대중소설을 썼으며, 『몽테크리스토 백작』을 번안한 『진주탑』을 발표하기도 했다. 사후에 문학적 성과를 기려 '내성문학상'이 제정되었다.

있어요. 그리고 읽다 보면 자기에게 맞는 걸 발견하게 됩니다. 서평만 보고 덮어두지 말고 교보문고 같은 데 가서 몇 장 보면 알아요. 특히 소설책 같은 건 서서 몇 장 읽어보고 사시는 게 좋아요. 우린 옛날에 책방에 가서 서서 이 책 저 책 뒤적이던 게 너무너무 감미로운 추억으로 남아 있는데, 젊었을 때 교보문고 생기기 전에 종로서관 정도가 알맞았던 것 같아요. 그리고 누구하고 만날 적에 종로서관 앞에서 만나자 그러면 길바닥에서 만나자는 것보다 괜히 문화적인 것 같았고요. 이렇게 문학의 고향으로서 서점이 있었던 거죠. 제가 제일 처음에 냈던 단행본이 『부끄러움을 가르칩니다』인데, 내 책이 나왔다 그래서 보러 간 것도 종로서관이에요. 그래서 종로서관에 가서 깔린 걸 보니까 너무너무 가슴이 울렁거리고 그랬습니다. 그래서 누가 이걸 사나 지키고 볼까 그러다가 쑥스러워서 그만……. (청중 웃음) 거기에는 문학 초년생뿐 아니라 문학을 좋아하는 사람의 가슴을 울렁거리게 하는 그런 게 있었어요. 문학이라는 게 가슴을 울렁거리게 하는 그때가 참 좋은 때 같아요.

●청중 3 : 저는 사회생활도 좀 했는데 선생님께 질문하려니 굉장히 떨립니다. 주부로서 아내로서 글쓰기를 병행하시면서 오랜 세월 지내오셨는데, 주부로서 아내로서 선생님에 대한 자기 평가는 어떤지요. 글쓰기를 하시면서 의외로 바깥 분, 부군에 대한 표현을 선생님의 어머님이나 부모님에 대한 표현보다 굉장히 절제하시는 걸 느낄 수 있습니다. 외조나 그런 게 있었는지, 갖고 계신 소감이라든가 그런 이야기를 묻고 싶습니다.

●박완서 : 간단하게 대답할게요. 저희는 서로 열렬하게 좋아해서 결혼했습니다. 조건 같은 거 안 따지고. 결혼할 때도 우리 남편은 굉장히 좋아했어요. 저는 좋았는지 말았는지 잘 모르겠고요. (청중 웃음) 그런데 제가 당선됐다고 그럴 적에, 남편이 사람들한테 자기 장가갈 때보다 더 좋다고 그랬다니, 그쯤 하면 될 것 같고요.

제가 데뷔하고 나서 다작하는 작가였잖아요. 체력도 떨어지고 그러니까 사람들이 어떻게 그동안 참고 살았냐고들 그래요. 40대에 등단했으니까 18년 동안 평범한 주부로 산 셈이지요. 저는 책은 좋아해서 꾸준히 읽긴 했지만 그동안 일기 한번을 안 쓰고 쓸 생각도 없이 중산층의 평범한 주부로 산 생활이 있었죠. 물론 6.25의 경험도 중요하지만, 그 생활이 있었기 때문에 제가 많이 쓸 수 있었다고 생각합니다.

●여정성(사회자) : 네, 아쉽지만 이것으로 질문을 마쳐야겠습니다. 오늘은 학생들도 많지만 교수님들도 여러 분 계시고 또 밖에서 손님들도 참 많이 와주셨어요. 학교 밖에서뿐만 아니라 학교 안에서도 박완서 선생님에 대한 사랑과 애정을 갖고 계신 분들이 끝까지 자리를 지켜주신 것 같습니다.

아까 민은경 교수님께서 박완서 선생님의 글을 읽으면 부끄럽고 창피해서 깜짝깜짝 놀란다고 하셨는데, 저도 정확히 똑같은 감정을 느낍니다. 그런데 동시에 '아, 나만 이렇게 몰염치하거나 치졸한 것이 아니라 사람들이 다들 그렇구나.' 하고 생각하면서 굉장히 위안을 받아요.

저는 박완서 선생님의 글을 읽을 때마다 선생님이 사람들을 생각하게 만들고 또 깨어 있게 만드는 그런 역할을 하

●우리 시대의 고전, 이 시대의 대가

박완서 문학은 '생명도 없으면서, 죽었으면서, 요염하고 오만하게' 아름다움의 의장만을 걸치고 있는 '아름다운 이야기'가 아니라 이 허위의 성새를 살아가는 사람들의 귓전에 생생하게 숨결과 체온마저 느껴지는 육성을 담아내는 이야기가 되고자 하는 작가의 치열한 모색과 다짐, 실천의 산물이다. 그래서 그의 이야기는 도서관 서가에서 뽀얗게 먼지를 덮어쓰고 얌전히 앉아 있는 고전이 아니라 동시대인과 살아 숨 쉬는 우리 시대의 고전이 될 수 있었다. 또 그래서 그의 이야기는 허영의 시장에 자신의 아름다움을 포장해 내는 아름다움의 기만에 빠지기보다 아름다움으로 허위의 성새를 포장하는 거짓된 이야기의 세계에 거침없이 '가래침을 내뱉을 수 있는' 문학적 도전과 모험의 힘겨운 여정을 계속할 수 있기도 하다. 그의 문학적 도전과 모험은 여전히 진행 중이다. 그의 작품이 출간될 때마다 많은 사람이 경탄과 찬사를 보내는 것은 '대가'에 대해 바치는 헌사의 의미도, 여전히 현역 작가로서 활발하게 작품 활동에 정진하는 그의 문학적 의욕에 대한 감탄 때문도 아니다. 그것은 바로 문학적 도전과 모험의 고된 행로에 여전히 '복무'하는 그의 문학적 실천에 대한 일종의 경외감 때문이라 할 것이다. 그래서 문학적 도전과 모험의 행로에 서 있는 이 시대의 '대가' 박완서는 여전히 젊은 작가로 남아 있을 것이다. (권명아, 〈미래의 해석을 향해 열린, 우리 시대의 고전〉, 『박완서 문학앨범』, 웅진출판, 1992, 216~217쪽)

시는 분이라는 생각을 하게 됩니다. 선생님께서는 아까 종교에서 그런 위안과 반성을 하신다고 했는데, 여기 모인 저희는 선생님 작품을 통해 그런 것을 느끼는 사람들입니다. 앞으로도 저희에게 계속해서 새로운 작품이 나오는 것을 기다릴 수 있는 기회를 주십시오. 이상으로 오늘 관악초청강연을 마치겠습니다.

(청중 박수)

제3부 : 보면서 읽다

사진에 대한 설명은 박완서 선생의 따님인 호원숙 작가가 제공해주었다.

결혼식 사진. 아서원이란 중국 음식점에서 올렸다. (1953)

여름 도봉산 계곡에서 큰딸과 함께. 그 당시엔 산에 갈 때에도 한복을 입었다. (1959)

박완서의 어머니 홍기숙 여사. (1960년대)

보문동 한옥에 살 때 딸들과의
행복한 시간. 장독대에서 내려다본
사진이다. 어머니가 좋아하는
사진으로 늘 식탁이 보이는 벽에
걸려 있다. (1979)

보문동 집에서 김종구 사진작가가
찍은 사진. 어머니가 좋아하셔서
서재에 걸어 두었던 사진으로
영정사진이 되기도 했다.
(1970년대 말)

방이동 대림아파트에 살 때. 남편과 아들을 연이어 잃은 아픔을 딛고 서재에서 다시 글을 쓰기 시작할 때 즈음이다. (1990)

초봄에 자택에서 마당을 가꾸는 일상의 모습이다. 아침나절엔 이렇게 두어 시간

서울대 학위 수여식 때 딸(호원숙)이
옷매무새를 도와주고 있는 모습.

서울대 명예박사 학위 수여식에서.

서울대 명예박사 학위 수여식에서
정운찬 총장에게 학위를 받는 모습.

(세 장 다 한영희 작가 사진, 2006)

박경리 선생의 1주기 추모 미술전에서. (2009)

아천동 집에서 손녀가 찍은 사진인데 어머니께서 좋아하시는 사진 중 하나였다. (2009)

살구나무에 살구가 열려 떨어지면 어머니는 살구를 주워다 잼을 만들기도 하고 이웃에 나누어 주기도 했다. 친한 사람들을 만나러 갈 때 예쁜 병에 담은 잼을 들고 갖다 주었다. (2009)

어머니 생신 때 마당에서 네 딸과
손녀와 함께. (2009)

추석 구리시 공원에서 코스모스
축제 때 손자와 함께. (2009)

영인문학관에서 '환각의 나비' 강연을 앞두고. (2010)

담낭암 투병 중이지만 퇴원하여 신문을 보고 있는 모습. (2010)

구리시 아천동 작가의 집. 창문을 통해 서재가 보인다. (2011)

어머니의 서재. 돌아가신 후 찍은 사진이지만 살아계실 때의 모습 그대로이다. (2011)

● 박완서 선생 작품 목록

장편소설/소설집

『나목』, 열화당, 1971(절판). 작가정신, 1990(개정본).

『도시의 흉년 제1부·제2부』, 문학사상사, 1985.

『부끄러움을 가르칩니다』, 일지사, 1976(절판).

『휘청거리는 오후 上·下』, 창작과비평사, 1977.

『창밖은 봄』, 열화당, 1977(절판).

『목마른 계절』, 수문서관, 1978(절판).

『배반의 여름』, 창작과비평사, 1978.

『도시의 흉년』, 문학사상사, 1979.

『욕망의 응달』, 수문서관, 1979(절판).

『살아 있는 날의 시작』, 전예원, 1980.

『도둑맞은 가난』, 민음사, 1981.

『엄마의 말뚝』, 일월서각, 1982.

『오만과 몽상』, 한국문학사, 1982.

『그해 겨울은 따뜻했네』, 민음사, 1983.

『서울사람들』, 글수레, 1984.

『그 가을의 사흘 동안』, 나남, 1985.

『서 있는 여자』, 학원사, 1985.

『꽃을 찾아서』, 창작사, 1986.

『그대 아직도 꿈꾸고 있는가』, 삼진기획, 1989.

『미망』, 문학사상사, 1990.

『저문 날의 삽화』, 문학과 지성사, 1991.

『그 많던 싱아는 누가 다 먹었을까』, 웅진출판, 1992.

『그 산이 정말 거기 있었을까』, 웅진닷컴, 1995.

『울음소리』, 솔, 1996.
『너무도 쓸쓸한 당신』, 창작과비평사, 1998.
『그대 아직도 꿈꾸고 있는가/한 말씀만 하소서』(박완서 소설전집 14), 세계사, 1999.
『어떤 나들이』(박완서 단편소설 전집1), 문학동네, 1999.
『조그만 체험기』(박완서 단편소설 전집2), 문학동네, 1999.
『아저씨의 훈장』(박완서 단편소설 전집3), 문학동네, 1999.
『해산바가지』(박완서 단편소설 전집4), 문학동네, 1999.
『가는비, 이슬비』(박완서 단편소설 전집5), 문학동네, 1999.
『아주 오래된 농담』, 실천문학사, 2000.
『그 남자네 집』, 현대문학, 2002.
『친절한 복희씨』, 문학과지성사, 2007.

산문집

『꼴찌에게 보내는 갈채』, 평민사, 1977.
『혼자 부르는 합창』, 진문출판사, 1977.
『여자와 남자가 있는 풍경』, 한길사, 1978.
『살아 있는 날의 소망』, 주우, 1982.
『지금은 행복한 시간인가』, 자유문학사, 1985.
『서 있는 여자의 갈등』, 나남, 1986.
『나는 왜 작은 일에만 분개하는가』, 햇빛출판사, 1990.
『한길 사람속』, 작가정신, 1995.
『모독』, 학고재, 1997.
『어른노릇 사람노릇』, 작가정신, 1998.
『님이여 그 숲을 떠나지 마오』, 여백, 1999.
『아름다운 것은 무엇을 남길까』, 세계사, 2000.

『두부』, 창작과비평사, 2002.
『잃어버린 여행가방』, 실천문학사, 2005.
『옳고도 아름다운 당신』, 열림원, 2008.
『세 가지 소원』, 마음산책, 2009.

동화집

『달걀은 달걀로 갚으렴』, 샘터사, 1979.
『산과 나무를 위한 사랑법』, 샘터사, 1992.
『속삭임』, 샘터사, 1997.
『이게 뭔지 알아맞혀 볼래?』, 미세기, 1998.
『자전거 도둑』, 다림, 1999.
『부숭이는 힘이 세다』, 계림북스쿨, 2001.
『옛날의 사금파리』, 열림원, 2002.
『보시니 참 좋았다』, 이가서, 2004.
『이 세상에 태어나길 참 잘했다』, 어린이작가정신, 2009.
『나 어릴 적에』, 처음주니어, 2009.

● 2006년 5월 17일 서울대학교 명예박사학위 수여식 답사

먼저 절대로 안 받을 것처럼 강하게 반발을 해 실무자들을 당혹스럽게 해드렸던 점, 이 자리를 빌려 사과드립니다.

일단 마음을 바꾸고 나니 슬그머니 기뻐지기 시작했고, 자랑까지 시키고 싶어져서 이렇게 평소 제가 좋아했던 분들을 여러 분 모시게 되었습니다. 그러나 아직도 명예박사라는 것은 어떤 사람에게 왜 주는 것인지 사전지식이 없고, 왠지 뜨악한 느낌까지 드는 걸 극복하지 못했습니다. 그러니까 제가 안 받고 싶어 한 건, 뭔지 모르겠는 걸 준다고 덥석 받는 게 아니라는 몸 사림 때문이었을 테고, 좋아지기 시작한 건 '서울대에서 주는 거니까'라는, 서울대에 대한 무조건적인 믿음 때문이었을 겁니다.

서울대에서 이렇게까지 저를 챙겨주시지 않아도 저는 서울대 덕을 이미 많이 본 사람입니다. 저는 서울대를 한 달도 채 다니지 못했습니다. 제가 입학한 해는 1950년 6월이었습니다. 그때는 입시철과 학기 말이 5월이었고, 6월에 신학기가 시작되었습니다. 해방되기 전까지 4월이었던 학기 초가 해방되던 이듬해부터 9월로 바뀌었다가, 다시 봄을 학기 초로 환원시키기 위한 일시적인 과도 조치로, 그해에는 그 중간인 초여름을 학기 초로 삼았으니까, 제도적인 학교교육이 생긴 이래 6월에 입학한 예는 아마 50학번이 유일한 경우일 겁니다.

다 아시다시피 그해 6월은 6.25가 난 달입니다. 여름에 서울을 사흘 만에 인민군에게 내주게 되었을 때는 대부분의 시민들이 남아서 당했지만, 그 이듬해 겨울 다시 한 번 그들이 쳐들어왔을 때는, 시민들은 완전히 철수하고 거의 무인의 도시가 되어 있었습니다. 그때도 저희 집 식구들은 서울에 남아 고립과 궁핍을 견뎌내야 했습니다. 봄에 그들이 물러가고 서울이 수복되었지만 휴전이 될 때까지 정부도 시민들

도 서울로 돌아온 건 아니어서 서울은 인구가 매우 희박하고 주야로 포성이 들리는 최전방 도시였습니다.

이웃도 하나 없이 어린 조카들, 넋 나간 노모를 부양해야 하는 소녀 가장의 처지에 놓인 제가 할 수 있는 일은, 고작 피난 가서 비어 있는 이웃집을 털어 몇 줌의 곡식이나 묵은 김치 따위를 구해 오는 일이었습니다. 차마 못할 짓으로도 연명은 쉽지 않아, 혹시나 하고 일자리를 찾아, 그래도 사람이 웅성대고 시장이 형성된 도심의 남대문 시장 근처를 배회하다가 난데없이 행운을 잡게 되었는데, 그건 지금의 신세계 백화점 자리를 차지하고 있던 미8군 PX에 취직이 된 거였습니다. 제대로 된 취직자리가 전무할 때이기도 했지만, 먹고 살만큼 봉급을 받을 수 있고 요령만 부리면 큰돈도 벌 수 있다고 알려져 누구나 선망하는 꿈 같은 일자리였습니다.

그런 일자리에 몇십 대 일의 경쟁을 뚫고 발탁이 될 수 있었던 것은 순전히 서울대 학생이라는 자기소개 때문이었습니다. 담당자는 가장 초라한 저를 군계일학처럼 바라보았고, 거짓말처럼 쉽게 취직이 되었습니다. 그 후에도 서울대 학생이라는 레테르는 저를 따라다니면서 직장 생활을 편하게 해주었습니다. 누구나 저를 아껴주고 존중해주었습니다. 그런 서울대학의 후광에 힘입어 저는 돈 벌기도 쉽지만 타락하기도 쉽다고 알려져 질시와 멸시를 동시에 받던 PX 생활을 홀로 고고한 척 안전하게 유지하면서 식구들을 배불리 먹여 살릴 수 있었습니다. 뿐만 아니라 그 직장에서 만난 남자와 결혼해서 똘똘하고 건강한 아이를 낳고 오래오래 행복하게 살았고, 그 직장에서 알게 되어 깊은 인상을 받았던 박수근 화백은 저의 처녀작 『나목』의 주인공이 되어, 저를 주부에서 작가로 거듭나게 했습니다.

마지막으로 이 학위를 5월에 받게 된 것이 저에게 불러일으킨 특별한 감동에 대해 말씀드리지 않을 수가 없습니다. 앞서 말씀드렸듯이 그때의 학년 말은 5월이어서, 대학 입시와 합격 발표를 보러 다니던 때도 물론 5월이었습니다. 문리대 동숭동 캠퍼스의 그해 5월의 신록은 참으로 눈부시게 아름다웠습니다. 제 기억 속에 그해 5월이 유난히 아름다웠던 것은 아마도 그게 제 청춘의 마지막 5월이기 때문일 겁니다. 그때 이미 문리대생으로 재학하던 선배들은 서울대 문리대를 대학의 대학이라 부르면서 다른 단과대학과 차별을 짓더군요. 그 오만과 기개가 하늘을 찌를 듯 했습니다. 그런 자부심은 문리대에 대학본부가 있어서가 아니라 서울대의 중추가 인문학에 있다는 믿음 때문이었을 겁니다.

그해 5월은 속절없이 가고 6월은 어김없이 오고, 그 싱그럽고 찬란한 젊음들은 양쪽 전쟁터에 내몰려 죽거나 행방불명이 되지 않았으면, 살아남았다고 해도 극한적인 이념대립의 와중에서 고통 받거나 왜소하게 마모되어야 했습니다. 전후의 시대적 요구도 빈곤 탈출과 경제성장이 최우선이 됨으로써, 인간으로 하여금 끊임없이 사색과 반성을 요구하는 인문학도 자연히 뒷전으로 물러나게 되었습니다. 저는 여학생이라 전쟁터엔 안 나갔지만 인공 치하 내내 학교에 남아서 거기서 보고 겪고 참아낸 일들은 한때 제가 이상으로 했던 모든 것을 초토화시켰고, 그럼에도 사상적인 대안을 찾을 수는 없었습니다.

그 후 결혼으로 겨우 평범한 안정을 찾긴 했지만 대학의 대학을 외치던 그 충천하는 젊음은 어디로 갔으며, 인문학에 대한 그 도도한 자부심은 어디로 사라진 것일까, 그 생각만 하면 마음이 저리고 나 혼자 잘 먹고 잘 사는 게 짐승스러운 짓만 같아 견딜 수가 없었습니다. 그런 자기모멸이 그 시대를 증언하고, 동족상잔에 대한 혐오와 이념에 대한 허망감에 대해 말함으로써 사람 노릇을 하고 싶다는 참을 수 없는 욕구가 되어, 저로 하여금 많은 작품을 쓰게 했습니다.

단지 서울대학에 입학했다는 사실 하나만 가지고 그렇게 알뜰하게 서울대학 덕을 보았는데 무엇을 바라겠습니까. 아무리 생각해도 오늘 주시는 이 학위는 어디 쓸데가 있을 것 같지도 않거니와 자기를 돋보이게 하는 속물스러운 일 따위에는 절대로 써먹지도 않을 것입니다. 실용성이 있을 것 같지 않고, 이용해먹을 생각도 없기 때문에 받을 용기도 낼 수가 있었으니까요. 물론 서울대 문턱을 겨우 넘어본 데 불과한 저 같은 소설가에게 명예박사학위까지 줘서 기를 북돋아주는 파격적인 일이, 혹시나 서울대가 인문학에 대한 자존심을 회복하려는 조짐이 아닐까 하는 과대망상 같은 것도 하지 않겠습니다.

그렇다고 이 학위가 자랑스럽지 않다는 소리는 아닙니다. 살다보니 이런 일도 있구나, 작은 기적처럼, 또는 오랫동안 뒤통수만 보고 흠모하던 이가 뒤돌아보며 따뜻한 눈길을 보내준 짜릿한 기억처럼, 저 혼자만의 밀실에 두고 삶이 진부하고 지루해질 때마다 꺼내보고 위안을 삼겠습니다. 감사합니다.

● 매스컴을 통해 본 박완서 선생

한국문학의 살아 있는 '거목' 박완서
「경향신문」, 2009. 9. 20.

"시대를 증언하고 싶은 욕구가 내 문학의 뿌리"

 소설가 박완서(78)는 한국 문학의 거목이다. 세월의 나이테가 두껍게 쌓여도 '고목'이 되기를 거부하는 거목. 그 나무는 여전히 왕성한 생명력으로 부지런히 싹을 틔우고 과실을 맺는다. 그 과실은 문학에 목마른 사람들의 배를 불리는 풍성함과 함께 먹는 이의 탐욕을 직시하게 만드는 신랄함을 지녔다.

 박 씨와 기자는 두 세대쯤 차이가 나지만 그의 소설을 읽으면서 세대차이를 느껴본 적이 없다. 전쟁과 분단, 근대화 과정을 몸으로 헤쳐온 압도적인 경험의 차이를 무시할 수는 없지만 세월이 지나도 무뎌지지 않는 날카로운 촌철살인의 시선과 문장들은 읽는 이의 위선과 이중성을 꼬집으며 움찔하게 만드는 힘이 있다. 최근작 『친절한 복희씨』를 보면 여든을 목전에 둔 나이에도 그가 신선하게 유지하고 있는 날카로운 시선과 냉철함에 경이로움을 느끼게 된다.

 그가 11년째 머물고 있는 경기도 구리시의 아치울 마을을 찾았다. '아치울'이라는 예스러운 어감은 서울과 거리감을 지녔지만, 서울과 지척 거리다. 광장동 워커힐 호텔을 지나 금세 아차산에 폭 둘러싸인 아기자기한 마을에 당도했다. 노란색으로 칠해진 그의 집 앞마당에는 작가가 직접 가꾼 살구나무, 봉

숭아, 과꽃 등이 올망졸망 자라고 있다. 그는 최근 한 산문에서 마당이 점점 옛 고향집의 '유년의 뜰'을 닮아간다고 했다. 그의 서재는 신간들로 가득하다. 독서의자 앞에는 소설가 박범신의 최근작 『고산자』가 놓여 있었고, 책꽂이는 후배 작가들의 최근작들로 가득했다. '유년의 뜰'과 신간들로 빼곡한 서재. 그것이 박완서가 지닌 문학의 깊이와 긴장감을 이야기해주는 듯했다.

- 여전히 글 속에서 사십니다.
"여기저기서 책들을 많이 보내와서 서재에는 신간 위주로 꽂아놓고 읽습니다. 지하에 서재가 하나 더 있는데 옛날 책들을 주로 둡니다. 요즘은 산문들을 주로 쓰고 있어요. 글 쓰는 시간이 일정치는 않아요. 컴퓨터 앞에 앉는 게 싫어서 안 하는 날도 있고, 아침부터 하고 싶은 말이나 느낌이 목에 차올라와서 아침 일찍 일어나서 쓰는 날도 있고요."

- 외손녀와 함께 살고 계시지요.
"평범한 일상을 살아요. 대학생 손녀를 깨워서 학교에 보내고 저녁 때 밥을 같이 먹고……. 아침에 일어나서 해뜨기 전까지 마당을 가꾸고 책도 많이 읽지요. 내가 하는 정신노동과 육체노동 분량을 생각하면 젊었을 때와 별로 다르지 않은 것 같습니다."

- 외손녀와 세대차이를 느끼십니까. 선생님 소설은 20, 30대 독자들에게도 널리 읽히고 있습니다.
"같이 앉아 텔레비전을 보고, 욕도 하고 그럽니다. 요즘 여대생들이 저런 걸 좋아하는구나 하는 것도 알게 되고요. 큰 복이라고 생각해요. 동시대인하고 나의 욕망을 소통하고 싶은 거 아닐까요. 『친절한 복희씨』에 젊은이들 이야기는 많이 안 나오는데 젊은 사람들이 많이 읽고 이야기를 하니까 고맙더군요. 내가 나이 먹은 사람들의 언어도 맛깔스럽게 살렸다고들 하지만, 동시대인들의 언어를 쓰려고 노력한 것이 아닌가 합니다. 책을 많이 읽는 사이에 언어 감각이 젊은 사람들과 별로 차이가 없어진 것 같아요."

- 지금 집필 중인 작품이 있습니까.

"머릿속으로 생각하고 있어요. 청탁 받은 것들이 밀려 있고, 장편도 하나 더 써봐야지 생각합니다. 욕심이라는 게 한이 없어요. 돈에 대한 욕심은 사라졌는데 아직 남아 있는 욕심이 있다면 '이런 거 하나 더 써보고 싶다.'는 생각을 해요. 그런데 나이가 들다 보니 내 몸이 헌 집같이 느껴질 때가 있어요. 헌 집이니까 언제 폭삭 내려앉을지도 모르죠. 뭘 쓰고 싶다는 욕심은 있는데, 여기저기가 예전 같지 않아 항상 몸과 의논하게 됩니다."

- 최근 계간 『문학동네』 가을호에 단편 『빨갱이 바이러스』를 발표했습니다. 세 명의 여자가 남자들로부터 입은 상처와 사연들, 그리고 전쟁으로 친척 간에 벌어졌던 살인의 비밀이 드러나는데요, 전쟁의 상처, 가부장제의 모순 등 선생님이 지금까지 해온 이야기를 응축하고 있다고 느꼈습니다.

"나도 쓰면서 '아직도 그 얘기할 게 남아있구나.'하는 생각을 했어요. 이 소설을 쓰면서 초기에 썼던 단편소설이 떠올랐죠. 버스 안에서 술 취해 행패를 부리는 사람한테 대들었더니 그 사람이 '너 빨갱이 아니야? 난 공화당원이야.'라고 하는 소설이에요. 20년 전에 쓴 소설인데, 그 얘길 또 한 겁니다. 소설가에겐 자기 것을 한 줄에 꿸 수 있는 맥락이라는 게 있는 것 같아요."

- 전쟁과 분단, 오빠의 죽음과 같은 것들이 선생님 문학의 뿌리가 됐던 것 같습니다.

"그 시대를 견디게 했던 것은 '언젠가는 이것을 글로 쓰리라.'는 생각 때문이었습니다. 그 시대를 증언하고 싶은 욕구죠. 숙부와 오빠 등 많은 가족이 전쟁 통에 죽었어요. 민간인 납치, 학살, 폭격 등 죽음이 너무 널려 있었습니다. 내가 사랑하는 식구의 죽음이 몇백만 명 중의 하나, 무더기로 넘어가는 게 싫었어요. 사람 하나하나를 개별적으로 만들어 살아 있게 하고 싶었어요. 죽어간 식구들에 대한 애정이죠."

- 불혹의 나이에 늦은 등단을 하셨는데요.

"그 전에는 쓰고 싶어도 여건이 안됐어요. 아이를 다섯 낳았는데, 막내가 국민학교에 들어가던 해에 『나목』을 썼습니다. 미군 초상화부에서 함께 근무했던 박수근 화백에 대한 소설인데, 박수근 화백 유작전을 보고 난 후 쓰게 됐어요. 그는 내가 나의 불행뿐 아니라 다른 사람을 볼 수 있게 한 사람입니다. 서울대학 입학 후 전쟁이 나자 미군 부대에서 일하게 된 나는 그때 우월감과 열등감 덩어리였어요. 그런데 박 화백이 국전 입선 작가였음을 알고 깜짝 놀랐죠. 어려운 시절에 붓대 하나로 식구들 먹여 살리는 박 화백이 거룩하게 느껴졌고, 그분이 어떻게 살았다는 걸 증언하고 싶었습니다. 원래 논픽션으로 쓰려 했는데, 일대기를 쓰려니 힘들 것 같아 상상력 보태고 거짓말을 섞어 쓴 것이 『나목』입니다."

- 선생님 최근작들을 보면 인간의 이중성과 위선을 파헤치는 날카로운 시선이 여전합니다.

"바깥 세상에 대한 호기심이 그런 긴장감을 유지하게 하는 것 같아요. 독서도 많이 하는 편이고요. 하지만 예전보다는 많이 누그러진 듯합니다. 옛날에는 사회의 모순과 삶에 대한 혐오감도 많았습니다. 이제는 삶에 대해 내가 엄살을 너무 부린 게 아닌가, 그래도 인생이 아름답다는 생각을 많이 합니다. 인생이 얼마 안 남았을 때 느끼는 감정이 아닐까요. 예전에는 촌철살인의 언어를 꿈꿨지만 이제는 위로나 반성할 수 있게 하는 글을 쓰고 싶습니다. 찔러서 까발리는 게 다는 아닌 것 같아요."

- 최근 가까운 분들의 죽음을 지켜보셨습니다. 박경리 선생님이 지난해 돌아가시고, 『친절한 복희씨』의 표지 그림을 그린 김점선 화백도 올해 세상을 떠났습니다.

"박경리 선생과는 가깝게 지냈는데 그렇게 허전할 수가 없습니다. 점선이는 말할 것도 없고······. 집에 걸린 그림들도 다 점선이가 그린 거예요. 광장동에 살면서 툭하면 놀러오곤 했습니다. 오래 살다보면 좋은 일도 많이 보지만, 나보다 어린 사람들이 죽음에서 나를 앞질러 가는 게 가장 싫어요. 지켜보는 게 힘듭니다. 박경리 선생처럼 나보다 어른이 돌아가시면 의지할 데를 잃은 것처럼 서럽지만, 나보다 어린 사람들의 죽음은 그것과는 다르게 상처가 됩니다."

- 내년이면 등단 40주년을 맞습니다. 선생님께 문학은 무엇입니까.

"문학은 쓰는 사람에게나 읽는 사람에게나 인간으로서의 자기 증명이라고 생각합니다. 어떻게 보면 성공하는 데 아무짝에도 필요 없는 문학을 읽어야 하는 까닭은 인간이 되어가는 중요한 과정이기 때문이라고 생각해요."

- 지금까지 작품 중 기억에 남는 작품은 무엇입니까. 그리고 앞으로 쓰고 싶은 소설은.

"나를 주부에서 작가로 변신시켜준 작품 『나목』은 지금 봐도 신통해요. 그리고 『미망』은 내 고향이 개성 쪽인데, 가볼 수는 없는 고향 개성 사람들의 독특한 기질에 대한 애절한 애정을 갖고 쓴 겁니다. 힘들게 썼지만 어머니나 삼촌이나 고향 어른들의 증언도 많이 듣고 보람도 느꼈어요. 내 근원을 찾아가는 작품이랄까요. 앞으로 쓰고 싶은 소설, 생각은 하고 있지만 밝히고 싶지는 않네요. 긴 계획은 세울 수 없는 내 주제를 아는 거죠. 그날그날 건강하고 충실하게 살면 되겠죠. 그렇지만 죽을 때까지 현역 작가로 남는다면 행복할 겁니다."

인터뷰: 「경향신문」 이영경 기자

추기경님을 떠나보내며
「한국일보」, 2009. 2. 21.

사랑하고 존경하는 추기경님.

방금 명동성당에서 추기경님을 용인 묘지로 배웅하고 돌아와 이 글을 올립니다. 간밤에 살짝 눈 내리고 개인 오늘 아침의 명동성당의 바람 찬 언덕과 명동 거리 일대에는 오늘도 밖에서나마 영결 미사에 참예하고 마지막 가시는 님을 전송하려는 사람들로 입추의 여지도 없었습니다.

저는 다행히 성당 안에서 미사를 볼 수 있는 특별한 은총을 누렸습니다만 육신을 떠난 추기경님의 연민 가득한 자애로운 시선은 안에 있는 우리들보다는 밖에 있는, 추기경님에 대한 사랑과 추모를 아직도 다 하지 못한 헤일 수 없이 많은 선한 사람들 안에 머물고 계실 것만 같아, 안에서 미사 보는 게 그리 편했던 것만은 아닙니다.

추기경님도 보셨지요? 지난 사흘 동안 밤낮을 가리지 않고 이어지던 명동성당을 향한 그 끝도 없이 길고 긴, 그러나 질서정연한 추모 행렬의 아름다움을. 이 세상의 누가 저렇게 자발적이고 진정 어린 추모를 받으며 이 세상을 떠날 수 있을까. 저는 그때 세기의 장례식이라고 일컬어지던 2005년 요한 바오로 2세의 영결식을 떠올렸습니다. 저는 그때 뜻하지 않게 조문 사절단 일행 중 한 명이 되어 바티칸에 가게 되었습니다.

그때 저는 유럽 각 나라에서 로마로, 로마로 모여드는 한도 끝도 없이 많은 사람들, 특히 젊은이들을 보며 바티칸이 저 많은 조문객들을 어떻게 수용하고 장례를 치를 것인가, 은근히 걱정스러웠습니다. 그러나 로마의 시내 질서나 바티칸 광장의 넓이는 그 많은 조문 인파를 무리 없이 수용하고 영결식을 원활하게 진행하는 걸 보고, 역시 선진국은 다르구나, 하는 식의 상투적이고 자기비하적인 선망의 시선을 보냈었습니다.

추기경님의 성격상 이런 비유를 즐겨하지 않으시리라는 걸 잘 알면서도 하도 자랑스럽고 신기해서 말씀드리는 건데, 추기경님을 애도하고 추모하는 조문 인파는 수적으로나 질서정연한 아름다움에 있어서나 결코 교황님 영결식 못지않았다는 겁니다.

더 부연하고 싶은 건 그쪽은 거의 가톨릭 국가에서 모여든 조문객이었지만 추기경님을 애도하는 우리들은 무종교자는 물론이고 모든 종교를 망라한 보통사람들이었다는 겁니다. 왜 그분들은 아직도 추위가 녹록치 않은 거리에서 몇 시간씩 지칠 줄 모르고 유리관에 든 추기경님의 영혼 떠난 육신이나마 참배하기를 기다릴 수 있었을까요.

추기경님을 무어라고 생각하느냐는 질문에 대한 대답은 표현은 각양각색이었지만 신기할 정도로 일치하는 건 우리 역사의 암흑기인 군부독재 시대에 도덕, 정의 같은 정신적 가치의 중심을 추기경님이 잡고 계셨다는 믿음이었습니다.

도덕적인 힘인 양심을 감히 물리적인 힘으로 유린할 수 있다고 믿었던 폭정하에서도 옳은 건 옳다, 그른 건 그르다, 사람이라면 무엇을 부끄러워해야 하는가를 끊임없이 환기시켜 우리 정신을 잠들지 못하게 한 어른이 추기경님이었다고 우리 모두는 기억하고 있습니다.

영결식은 추기경님의 그런 업적을 환기시키는 추모사로 우리 모두를 숙연하게 했습니다. 내 옆에 앉은 후배 작가는 추모사를 듣는 내내 눈물을 흘렸고, 저도 강우일 주교님의 추모사를 들을 때는 어쩔 수 없이 눈물을 흘리고 말았습니다.

양심세력의 중심을 잡고 어른 노릇하기가 얼마나 어려운 노릇이었는지, 추기경님이 오랫동안 앓아온 불면증 얘기를 들으면서 너무도 마음 아프게 와 닿았기 때문입니다.

추기경님이 서울대교구장으로 계시던 68년부터 내내 불면증에 시달렸단 말씀은 추기경님도 회고록을 통해 숨김없이 밝히신 바가 있지요. 추기경님에게 그 짐이 얼마나 무거웠으며 그리스도를 생활로서 증거하기를 얼마나 조심스럽고 두려워하셨는지를 추기경님의 불면증이 그 숨길 수 없는 증거처럼 여겨졌습니다.

그러나 추기경님도 출세(?)가 과분하다 싶으면 두려워서 잠을 못 이루고, 죽음 앞에서는 인간의 마지막 존엄성마저 지킬 수 없을까 봐 전전긍긍하는 약한 보통사람이었다는 게 추기경님을 존경하는 마음을 조금도 덜하게 한 건 아닙니다. 추기경님의 바로 그런 약한 일면 때문에 우리 모두가 입을 모아 추기경님, 사랑하고 존경합니다, 외칠 수가 있는 겁니다. 그리고 감사합니다. 추기경님이 가시고 나서 죽음이 훨씬 덜 무서워졌으니까요.

주여, 우리가 사랑한 추기경님에게 현세에서 못 누린 달콤한 잠, 영원한 안식을 주소서.

2월 20일
박완서

(김수환 추기경 장례미사 후 작가가 기고한 추모의 글)

● 박완서 선생 연보

1931	10월 20일 경기도 개풍군 묵송리 박적골에서 출생. 아버지 박영노朴泳魯, 어머니 홍기숙洪己宿.
1934(4세)	아버지 별세. 어머니는 오빠만 데리고 서울로 떠남. 조부모와 숙부모 밑에서 어린 시절을 보냄.
1938(8세)	서울로 와서 살게 됨. 매동초등학교 입학.
1944(14세)	숙명여고 입학.
1945(15세)	소개령 때문에 개성으로 이사. 호수돈여고로 전학. 고향에서 광복을 맞음. 서울로 와 학교를 계속 다님. 여중 5학년 때 담임을 맡은 소설가 박노갑 선생에게서 많은 영향을 받음.
1950(20세)	서울대학교 문리대 국어국문학과 입학. 6월 하순에 입학식이 있어서 학교를 다닌 기간은 며칠 되지 않음. 전쟁으로 오빠와 숙부가 죽고 대가족의 생계를 책임지게 됨. 미군 부대에 취직, 미8군 PX동화백화점, 지금의 신세계백화점 자리의 초상화부에 근무. 그곳에서 박수근 화백을 알게 됨.
1953(23세)	4월 21일 호영진扈榮鎭과 결혼하여 이후 1남 4녀를 둠. (1954년 원숙, 1955년 원순, 1958년 원경, 1960년 원균, 1963년 원태)
1970(40세)	『나목』으로 『여성동아』 여류장편소설 모집에 응모하여 당선.
1971(41세)	『여성동아』에 『한발기』 연재. 이후 『목마른 계절』로 출간됨. 『세모』(『여성동아』 4월호), 『어떤 나들이』(『월간문학』 9월호) 발표.
1972(42세)	『세상에서 제일 무거운 틀니』(『현대문학』 8월호) 발표.
1973(43세)	『부처님 근처』(『현대문학』 7월호), 『지렁이 울음소리』(『신동아』 7월호), 『주말농장』(『문학사상』 10월호) 발표.
1975(45세)	『도시의 흉년』(『문학사상』 12월호부터) 연재.

1976(46세) 첫 창작집 『부끄러움을 가르칩니다』(일지사) 출간. 『휘청거리는 오후』(동아일보 1. 1.~12. 30.) 연재.

1977(47세) 『휘청거리는 오후』(창작과비평사) 2권으로 발간. 중편집 『창밖은 봄』(열화당) 출간. 첫 산문집 『꼴찌에게 보내는 갈채』(평민사) 출간.

1978(48세) 단편집 『배반의 여름』(창작과비평사), 산문집 『여자와 남자가 있는 풍경』(한길사) 출간. 『욕망의 응달』(『여성동아』, 1978. 8.~1979. 11.) 연재.

1979(49세) 『도시의 흉년』(문학사상사, 전2권), 『욕망의 응달』(수문서관) 출간. 창작동화집 『달걀은 달걀로 갚으렴』을 『마지막 임금님』(샘터사)이라는 제목으로 출간, 『살아 있는 날의 시작』(동아일보, 1979. 10. 2.~1980. 5. 30.) 연재.

1980(50세) 『그 가을의 사흘 동안』으로 제7회 한국문학작가상 수상. 『살아 있는 날의 시작』(전예원) 출간. 『오만과 몽상』(『한국문학』 12월호부터) 연재. 『엄마의 말뚝 1』(『문학사상』 9월호) 발표.

1981(51세) 『엄마의 말뚝 2』(『문학사상』 8월호)로 제5회 이상문학상 수상. 20년간 살던 보문동 한옥을 떠나 잠실의 아파트로 이사. 소설집 『도둑맞은 가난』(민음사) 출간.

1982(52세) 단편집 『엄마의 말뚝』(일월서각), 장편 『오만과 몽상』(한국문학사), 산문집 『살아 있는 날의 소망』(학원사) 출간. 『그해 겨울은 따뜻했네』(『한국일보』 1982. 1. 5.~1983. 1. 15.) 연재.

1983(53세) 『그해 겨울은 따뜻했네』(민음사) 출간.

1984(54세) 7월 1일 영세 받음. 『서울 사람들』(글수레) 출간.

1985(55세) 『서 있는 여자』(학원사) 출간. 단편 선집 『그 가을의 사흘 동안』(나남) 출간. 자선 에세이집 『지금은 행복한 시간인가』(자유문학사) 출간. 대하장편소설 『미망』(『문학사상』 3월호) 연재 시작.

1986(56세)　　창작집 『꽃을 찾아서』(창작과비평사) 출간. 산문집 『서있는 여자의 갈등』(나남) 출간.

1987(57세)　　단편 선집 『그 살벌했던 날의 할미꽃』(심지출판사) 출간. 『이상문학상 수상작가 대표작품집6 - 박완서』(문학세계사) 출간.

1988(58세)　　남편(5월)과 아들(8월)을 연이어 잃음. 서울을 떠나 부산의 분도 수녀원에서 지냄.

1989(59세)　　『그대 아직도 꿈꾸고 있는가』(삼진기획) 출간. 『미망』 연재(『문학사상』 5월호) 재개.

1990(60세)　　『미망』으로 대한민국문학상 우수상 수상. 『미망』(문학사상사, 전3권) 출간. 산문집 『나는 왜 작은 일에만 분개하는가』(햇빛출판사) 출간. 『한 말씀만 하소서』(『생활성서』, 1990. 9.~1991. 9.) 연재.

1991(61세)　　『미망』으로 제3회 이산문학상 수상. 회갑 기념 단편소설집 『저문 날의 삽화』(문학과 지성사) 발간. 콩트집 『나의 아름다운 이웃』(작가정신) 발간.

1991(62세)　　『그 많던 싱아는 누가 다 먹었을까』(웅진출판) 발간. 『박완서 문학 앨범』(웅진출판) 발간. 동화집 『산과 나무를 위한 사랑법』(샘터사) 출간.

1993(63세)　　『꿈꾸는 인큐베이터』로 제38회 현대문학상 수상. 『그 많던 싱아는 누가 다 먹었을까』로 제19회 중앙문화대상(예술 부문) 수상. 『꿈꾸는 인큐베이터』(현대문학사) 출간. 『박완서 문학상 수상 작품집』(훈민정음) 출간. 『박완서 소설 전집』(세계사, 1~5권) 출간.

1994(64세)　　『나의 가장 나종 지니인 것』으로 제25회 동인문학상 수상. 『나의 가장 나종 지니인 것』(조선일보사) 출간. 신작 소설집 『한 말씀만 하소서』(솔 출판사) 출간. 『박완서 소설 전집』(세계

	사, 6~9권) 출간.
1995(65세)	『환각의 나비』로 제1회 한무숙문학상 수상. 『그 산이 정말 거기 있었을까』(웅진출판), 단편 선집 『여덟 개의 모자로 남은 당신』(삼성), 산문집 『한 길 사람 속』(작가정신) 출간. 『박완서 소설 전집』(세계사, 10~11권) 출간.
1996(66세)	단편 선집 『울음소리』(솔), 『박완서 소설 전집』(세계사, 12~13권) 출간.
1997(67세)	『그 산이 정말 거기 있었을까』로 제5회 대산문학상 수상, 티베트·네팔 기행기 『모독』(학고재), 동화집 『속삭임』(샘터사) 출간.
1998(68세)	보관문화훈장(문화관광부) 수상. 단편소설집 『너무도 쓸쓸한 당신』(창작과비평사), 산문집 『어른노릇 사람노릇』(작가정신), 그림동화 『이게 뭔지 알아맞혀 볼래?』(미세기) 출간.
1999(69세)	『너무도 쓸쓸한 당신』으로 제14회 만해문학상 수상. 카톨릭 묵상집 『님이여, 그 숲을 떠나지 마오』(여백), 단편동화집 『자전거 도둑』(다림) 출판. 『아주 오래된 농담』(『실천문학』 겨울호) 연재. 『단편소설 전집』(문학동네, 전5권) 출간.
2000(70세)	제14회 인촌상(문학 부문) 수상. 9월 '2000 서울 국제 문학 포럼'에서 〈포스트 식민지적 상황에서의 글쓰기〉 발표. 산문 선집 『아름다운 것은 무엇을 남길까』(세계사), 박완서 문학 30년 기념 비평집 『박완서 문학 길찾기』(세계사) 발간. 『아주 오래된 농담』(실천문학사) 출간.
2001(71세)	『그리움을 위하여』로 제1회 황순원문학상 수상. 장편동화 『부숭이는 힘이 세다』(계림북스쿨) 출간.
2002(72세)	산문집 『꼴찌에게 보내는 갈채』(세계사), 소설 모음집 『저문 날의 삽화』(문학과 지성사), 동화집 『옛날의 사금파리』(열림원),

	산문집 『두부』(창작과비평사) 출간.
2004(74세)	『그 남자네 집』(현대문학) 출간.
2005(75세)	기행집 『잃어버린 여행가방』(실천문학사) 출간.
2006(76세)	제16회 호암상 예술상 수상. 서울대학교 명예문학박사 학위 수여.
2007(77세)	소설집 『친절한 복희씨』(문학과지성사) 출간.
2009(79세)	『세 가지 소원』(마음산책), 『이 세상에 태어나길 참 잘했다』(어린이작가정신) 출간.
2010(80세)	『석양을 등에 지고 그림자를 밟다』(박완서·이동하·윤후명 외 지음, 현대문학) 출간. 산문집 『못 가본 길이 더 아름답다』(현대문학) 출간.
2011(81세)	1월 22일 경기 구리시 아천동 자택에서 별세

● **참고문헌**

권명아, 〈박완서 – 자기상실의 '근대사'와 여성들의 자기 찾기〉, 『역사비평』
　　　제45호, 1998.
김경연, 〈개성 1931~서울 1991 – 복원되지 못한 것들을 위한 부단한 변〉,
　　　『작가세계』 제8호, 1991.
이경호·권명아 엮음, 『박완서 문학 길찾기』, 세계사, 2000.
이선미, 『박완서 소설 연구』, 깊은샘, 2004.
이선미, 〈작가연구자료 – 박완서 작품 연보〉, 『작가세계』 47호, 2000.
박완서 외, 『박완서 문학앨범』, 웅진출판, 1992.
박혜경, 『박완서의 「엄마의 말뚝」을 읽는다』, 열림원, 2003.

박완서
문학의 뿌리를 말하다

펴낸곳	서울대학교출판문화원
펴낸이	오연천
강연자	박완서

기획	서울대학교 관악초청강연 운영위원회
운영위원	곽수근 (위원장)
	최우정, 조영달, 정철영, 정근식, 여정성, 신희택,
	박영준, 김인규, 김인걸, 허남진, 이일하
기획간사	백미숙
진행	채석진

출판기획	형난옥
편집	김현호, 김대수, 송기철, 김미진
디자인	이기준
제작	김형민
마케팅	이원, 이춘화, 박민규

초판1쇄 인쇄	2011년 4월 25일
초판2쇄 발행	2012년 1월 5일
출판등록	제 15-3호

주소	서울 관악구 관악로 1 우편번호 151-742
연락처	대표전화 02-880-5252 팩스 02-888-4148
	마케팅팀(주문상담) 02-889-4424, 02-880-7995
이메일	snubook@snu.ac.kr
홈페이지	www.snupress.com
영문홈페이지	eng.snupress.com

© 박완서 · 서울대학교기초교육원장 허남진 2011

ISBN	978-89-521-1208-8 04040
	978-89-521-1152-4 (세트)